Hakkoubishoku

発酵美食 マガジン Magazine

主婦の友社

発酵食を、
毎日の暮らしに。

「発酵美食」は、
日本人が育んできた食の知恵や文化を見つめることで
日本の心と誇り、素晴らしさを
再発見するWebマガジンです。

味噌、しょうゆ、漬物、納豆、日本酒、ワイン、塩糀や糀甘酒など
発酵食品の情報はもとより、生産者や提供されているお店の方の熱い思いまで
発酵食のことを楽しく学び、知ることができるサイトとして
注目を集めています。

今回、「発酵美食」の記事を抜粋して一冊にまとめました。
発酵食が気になる方から、
すでに発酵食を毎日の食生活に取り入れている方まで
発酵食が叶えてくれる
キレイと健康にまつわる記事をご覧ください。

Webマガジン「発酵美食」

▼

詳しく知りたい。「発酵」のこと

■「発酵」とは

皆さんは、「発酵」とはどのようなものかご存じでしょうか。

食品に微生物が増えるとさまざまな変化が起こります。人に役立つものを生み出した場合を「発酵」と呼び、不利益になるものを生み出した場合を「腐敗」と呼んでいます。

酒類や味噌、しょうゆにおける酵母のアルコール発酵や、食酢における酢酸（さくさん）発酵、発酵乳における乳酸発酵などがよく知られています。

微生物は生きていくために、栄養源を吸収して、発酵することによりエネルギーを獲得していますが、不要な老廃物は体外に排出します。その際に排出されたもの（発酵生産物）を人間が食品として摂取しているのです。

このように、発酵食品では微生物の働きにより原料成分が分解されたり、他の物質に変化したりして、発酵ならではの複雑な風味やうまみが生まれるのです。

さらにそれらには、人の健康維持に関わる機能性物質が多く含まれています。おいしくなると同時に、健康にもつながっていく。それが発酵食品なのです。

さまざまな微生物による発酵と腐敗

	微生物	代謝産物	発酵食品
発酵	酵母菌	アルコール類、有機酸など	日本酒、ワイン しょうゆ、味噌など
	乳酸菌	乳酸など	ヨーグルトなど
	酢酸菌	酢酸など	米酢、ワインビネガーなど
腐敗	大腸菌、サルモネラ菌など	代謝産物	発酵食品

※参考：マルコメHP「発酵概論」（東京農業大学名誉教授　舘 博）より

■発酵食の歴史

最も古い発酵食品といわれているチーズの歴史は、約4000年以上前にさかのぼります。砂漠を行く商人が、羊の胃袋で作った水筒に入れた乳を飲もうとしました。その水筒はラクダの背中にくくりつけられていたせいか、乳が固まっていて食べたらおいしかった、というのがチーズの始まりといわれています。

そして日本の代表的な発酵食品である味噌の起源は、古代中国の「醤（ひしお）」であるという説が有力です。醤とは食塩を混ぜた保存食で、肉や魚をつぶして、雑穀の麹と塩・酒を混ぜて壷に漬け込み、熟成させたものといわれていて、現代のソースやしょうゆのような使い方をしていたようです。紀元前1世紀頃になると、大豆や雑穀と塩を発酵させた「豉（し）」が文献に登場します。

日本に伝来したのは飛鳥時代の7世紀頃といわれ、醤の文字が初めて見られるのは「大宝令」（七〇一年）でした。そこには中国にはない「未醤（みしょう）」という言葉が書かれています。これは日本人が醤に工夫を加えた新しい調味料で、味噌の前身ではないかと考えられます。味噌の音は「みしょう」が変化したものだと想像できます。

このように先人たちの発見により、現代の私たちの豊かな食生活の基礎が形作られました。

■発酵食の種類

発酵食は、調味料や飲み物、食べ物などに分類されます。昔から日本で作られてきたものもあれば、パン、ヨーグルト、キムチなど海外由来のものも多くあります。

種類	主な例
発酵調味料	味噌・しょうゆ・酢・塩麹・しょうゆ麹など
発酵飲料	日本酒・ワイン・甘酒など
発酵食品	漬物・納豆・チーズ・削り節など

発酵のプロセス

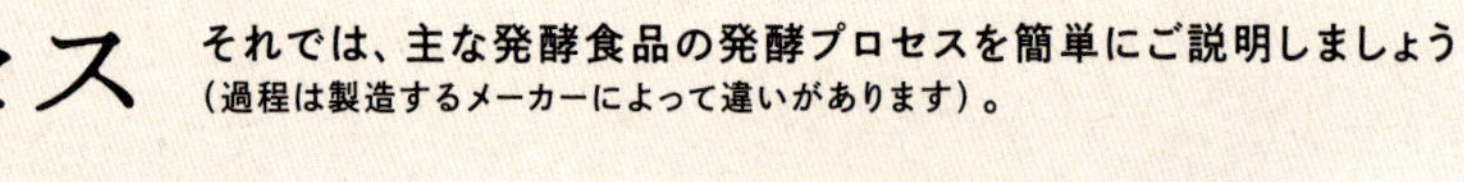

味噌（米味噌の場合）

米味噌は、大豆、米、麹菌、塩によって作られます。

まず蒸した米に麹菌をつけて「米麹」を作ります。次に蒸した大豆をつぶして、米麹と塩、水を混ぜて仕込みます。味噌は使用する麹によって、米味噌・麦味噌・豆味噌・合わせ味噌の4種類に分けられます。

しょうゆ（本醸造の場合）

本醸造のしょうゆは、大豆・小麦・麹菌・塩によって作られます。

まず蒸した大豆と炒った小麦に麹菌をつけてしょうゆ麹を作ります。そこに塩水を入れて発酵・熟成させると、しょうゆのもととなる「もろみ」ができあがります。熟成させたもろみは、布に包んで圧力をかけてしぼります。

その後、しぼったしょうゆに残る微生物を加熱し殺菌します。

※加熱せずに特殊なフィルターで微生物を取り除いたものは「生しょうゆ」となります。

大豆（蒸す）＋小麦（炒る）＋麹菌
↓
しょうゆ麹 ← 塩水
↓
もろみ
↓
発酵・熟成させる
↓
しぼる
↓
火入れをする
↓
しょうゆの完成

酢（米酢の場合）

酢は、糖質を含む原料をアルコール発酵させてから酢酸発酵させて作るので、まずは酒を作るところから始まります。

できあがった酒に「種酢（たねず）」と呼ばれる酢酸菌を加えて発酵させると、酒のアルコール成分が酢酸に変わり、酢が完成します。

米（蒸す）＋麹菌
↓
酵母 → 米麹 ← 水
↓
アルコール発酵
↓
日本酒 ← 酢酸菌（種酢）
↓
酢酸発酵・熟成
↓
米酢の完成

●アルコール

酒の基本は、糖分を酵母でアルコール発酵させて作ります。製造法による酒類の分類としては、「醸造酒」「蒸留酒」「混成酒」の3種類があります。酵母によりアルコール発酵させて作った酒が醸造酒で、醸造酒を蒸留して作った酒が蒸留酒、醸造酒や蒸留酒に花、葉、果実などを浸して作った酒が混成酒です。

醸造酒は、糖化と発酵の組み合わせにより、「単発酵」と「複発酵」に分類されます。単発酵は、ぶどうやりんごなどの糖を含むものを酵母で発酵させて酒にしたもので、ワインのように原料の良し悪しがお酒の質に影響を及ぼすとされています。

複発酵は、原料に糖を含まないもので、「糖化」と「アルコール発酵」を行います。

ワイン（単発酵）

原料に糖が含まれるため、酵母を入れて「アルコール発酵」させます。

ぶどう＋酵母
↓
アルコール発酵
↓
ワインの完成

ビール（単行複発酵）

「糖化」と「アルコール発酵」が別々に行われます。原料に糖が含まれていないため、まず大麦に麦芽を入れて糖化させ「麦芽糖」を作り、そこに酵母を入れてアルコール発酵させます。

大麦＋麦芽
↓
麦芽糖＋酵母
↓
アルコール発酵
↓
ビールの完成

日本酒（並行複発酵）

「糖化」と「アルコール発酵」を並行して行います。この「並行複発酵」は世界でも類を見ない高度な醸造方法といわれています。日本酒造りの格言で「一麹、二酛（もと）、三造り」という格言がありますが、「酛（もと）」とは酒母の別称で、日本酒造りにおける酒母の重要性をとく名言です。

米（蒸す）＋麹菌
↓
酵母 → 米麹 ← 水
↓
酒母（酛）
↓
「もろみ」の完成・しぼる
↓
酒粕　日本酒
↓
火入れをする
↓
日本酒の完成

菰田欣也さん
インタビュー

発酵食品は、手早く作る料理に「時間の深み」をプラスしてくれる

気さくな人柄で親しまれる四川料理のスーパーシェフ、菰田欣也（こもだきんや）さん。四川料理の伝統と自由な発想で表現される一皿一皿は、まさに菰田ワールド！ そのおいしさを支えているものの一つが、自家製の発酵食品とのこと。菰田さんが発酵に魅せられる理由を伺いました。

豆板醤（トウバンジャン）の仕込みは発酵が活発に進む夏前に

僕の作る豆板醤は、塩の割合を低くしてうまみを重視。菌が生きているから、香りは段違いですよ。仕込んで半年くらいから使えるようになり、熟成するにつれてまろやかで深い味わいに。色も黒っぽく変化します。

豆板醤の材料は、そら豆、唐辛子、塩、麹。最初の年は、生のそら豆を使って作ったから、ものすごく大変でした。100kgのそら豆が、むいたら20kgになっちゃうんです。ひたすらさやをむき続けて、指はそら豆のアクで真っ黒。でもとれたのはたった20kgで、こりゃ大変だと（笑）。

そこからとにかくいろいろなやり方を試して今にたどり着いています。発酵食作りの深みにすっかりハマりましたね。

自家製豆板醤は、作った年によってはもちろん、樽によっても少しずつ味わいが違います。**同じように作ってもまったく同じ味にはならないし、季節によっても風味が変わる。**

夏は菌が活発になるからぐーっと香りが強くなるし、寒くなれば香りが落ち着いてきます。それが発酵を止めていない、完全発酵調味料の特徴でもあるわけです。

そのときどきの食材によって、合わせる調味料の分量も調整しながら、ベストだと思う味わいに仕上げていくのが、僕の料理です。きっちり計って作るわけではないから、同じ料理でも一期一会。つまり、僕は料理に安定を求めてはいないんでしょうね。安定志向だったら、そもそも調味料を自分で作ろうなんて思いませんよね（笑）。

発酵のうまみを巧みに利用する四川料理

豆板醤のほかにも、四川料理でよく使われる発酵調味料に塩漬けの唐辛子、泡辣醤（パオラージャオ）、大豆を発酵させた豆豉（トーチー）、麹ともち米から作るチューニャンという甘みをつける調味料も僕は手作りしています。

手作りの豆板醤は、発酵が若いもの、熟成が進んだものを料理によって使い分けているという菰田さん。

菰田欣也（こもだきんや）さん
大阪あべの辻調理師専門学校卒業後、1988年赤坂四川飯店に入社。陳建一氏のもとで修行をし、szechwan restaurant陳 四川飯店グループ総料理長を務めるなど、約30年にわたりグループを支え続ける。2017年に独立し、火鍋専門店「ファイヤーホール4000」を、18年に南青山に「4000Chinese Restaurant」をオープン。また、テレビや雑誌、イベント出演、専門学校の講師など、食の楽しさ、魅力を伝える活動や後進の教育にも力を注ぐ。著書に『菰田欣也の中華料理名人になれる本』など。
https://komoda.amebaownd.com/

左から豆豉を刻んで炒めたもの、塩漬けの発酵唐辛子、市販の豆板醤、菰田さん手作りの「チューニャン」。

ペットボトルに入れているのが、自家製のチューニャン。

フカヒレをもどすときには、甘糀を使用しているとのこと。

中華料理では、調味に砂糖を使うことが非常に多いんです。たとえば海老の塩炒めのような料理でも、実は塩よりも砂糖のほうがたくさん使われているくらい。

なぜかといえば、塩というのは、おいしいと感じられるゾーンが狭いから。**「しょっぱい」と「味が薄い」の間のごく狭いすき間が、塩のおいしさなんです。そこに甘みを加えてあげると、一気にうまいと感じられるゾーンが広がる。**

ただ、砂糖は甘みがストレートで、わかりやすいんですね。砂糖だけでなく、チューニャンや甘糀などの甘みの発酵調味料を使うことで、砂糖よりも複雑でまろやかな甘みをプラスできる。さらに、舌にダイレクトに塩味があたらずに、ゆっくりと五味が感じられるようになるんです。これは僕の感覚なので、理論的に合っているかはわかりませんが、**発酵の甘みが砂糖よりもやわらかく伝わることは間違いないと思います。**

また、僕の店では、フカヒレをもどすときに「甘糀」を使っています。フカヒレのような煮込み料理では、砂糖を多く使うとダイレクトに強い甘みが立ってしまいます。その点、甘糀は、優しい甘みでほかの調味料との調和もいい。試しに使ってみて「これいいじゃん！」となった最近の発見です。

自分で作るからこそ得られる理想の味

僕はからすみも明太子も作ります。いろいろな発酵食品を作っていると、**発酵というのは生きた菌が働いてくれるからこそで、醸される時間や手間が絶対的に必要であることを改めて感じます。**

一方で、料理というのは、食材の最高のおいしさを閉じ込める手早さが求められるものです。**短時間で作る料理に深みを与えてくれるものが、発酵食品。**たとえば塩だれといっても、塩と砂糖と油で作るものと、そこに発酵調味料をいくつか加えたものとでは、味わいの深さがまったく違います。

四川で覚えた調味料や技法を使って、日本の豊かな食材を最高においしく料理する。それが僕のやりたいレストランです。僕の料理を食べにくるお客様が何を求めているかと考えると、本当においしいものへの追求を続けることに行き着きます。四川の調味料だけでなく、日本の調味料も自家製のものも、ルールを決めずに試して、使って。特に調味料を含めた食材選びには、正直でありたいと思っています。お客様の体に入るものを作っているわけで、自分はお客様の代わりに素材を選んでいる、任されている。そんなふうに考えて、突き進んでいます。

長野の食材を堪能できる

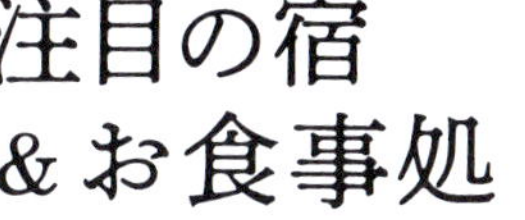

人気料理家たちの手仕事カレンダー

疲れたな、と思ったら探しにいこう。

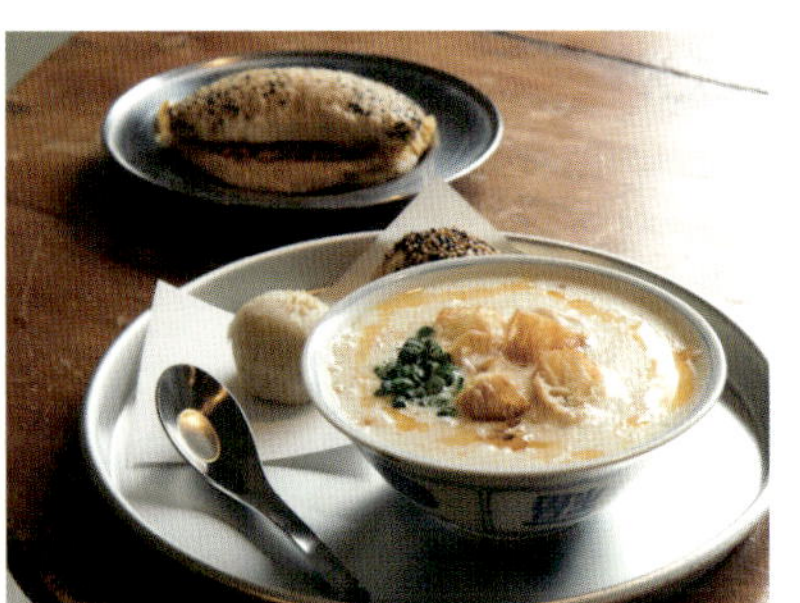

体を気遣う人はみんな飲んでいます。

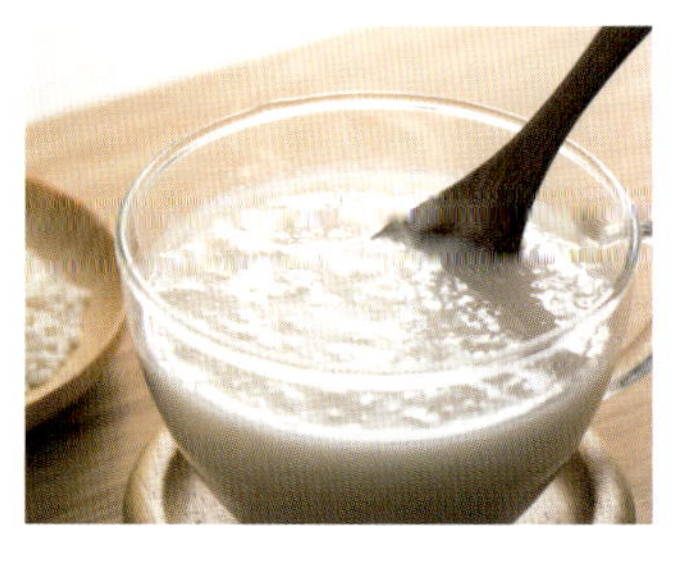

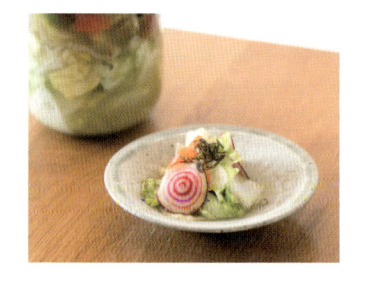

Nagano

長野県を探る。

長野県は、世界的にも注目されているトップクラスの長寿県です。
その理由の一つに、長野に暮らす人々の日常的な食事には、
野菜や発酵食品が多く含まれており、
それらによる健康増進効果が影響しているから、といわれています。
信州味噌で有名な長野県は、昔から「発酵食品」の文化が根づいていて、
発酵食メーカーも数多くあります。
そんな、まさに「発酵王国」である長野県の魅力に迫ります。

取材・文／網野由美子
撮影／古厩志帆

巻頭特集

魅惑の『発酵王国』、

発酵長寿王国
長野県の魅力とは？

8つの県と隣り合い、全国第4位の面積を誇る

春先には薄緑の山々の上に雪を冠した銀色の山頂がのぞいていたり、秋には紅葉に染まる山々に雲の影が濃淡のグラデーションを描いたり…。長野県に車を走らせると、そんな四季折々の雄大な景色が目に飛び込んできます。

本州のほぼ中央に位置する長野県は、8つの県と隣り合い、日本の都道府県で4番目に大きい面積を誇ります。県の長さは東西約120km、南北約212km。海はなく、山地が約8割を占める山岳県です。日本アルプスなど3000m級の山脈が南北に連なり、山々からの清らかな伏流水は平地へと集まり、大河川となって流れていきます。内陸性気候のため、台風や低気圧、前線などの影響を受けにくく、年間の日照時間も多いのが特徴です。

清らかな空気と水、日照時間の長さなどから、長野では農作物の栽培が盛んです。野菜はもちろん、山菜、果物、きのこ類など、中には日本一の生産量を誇るものも少なくありません。そんな自然からの恩恵を受ける一方で、冬場の気温は非常に低く、深い雪に閉ざされる地域も多くあります。

発酵食の魅力を発信するプロジェクト
「発酵バレーNAGANO」

「発酵バレーNAGANO」は、世界中に長野県の発酵食を広くPRしていくことを目的に2023年11月に設立。信州大学をはじめ長野県内の各大学、県内自治体、団体等の連携のプロジェクトです。大学という研究機関が発酵食をとらえていくうえで、どのような事ができるのか。学識者として同プロジェクトに参加している、信州大学 副学長の天野良彦（あまのよしひこ）さんは語ります。

「長野県の発酵食の製造工程のエビデンスを一つひとつ取っていくことができたら、とても面白いことになると思います。さらに健康長寿が長野県の特徴になっているので、伝統的に体に良いとされてきた食品の機能性の検証など、化学的なエビデンスを取りデータ化して残していくことも大切だと思います」。

「信大きのこカレー」は、教授や学生が開発した大学発のブランド食品としてマスコミでも話題に。

「香琳」はりんごから天然色素を抽出する技術を活用して生まれたビール。

自然環境の影響を受けて熟した長野の食文化

このような自然環境の影響を受けながら、長野県の食文化は育まれてきました。春から秋にかけて収穫した作物をどのように加工・保存するか。生きるための知恵から育まれたのが発酵食品です。

昔から長野の家庭では野菜を漬物にし、冬に食べるという習慣がありました。こういった風習がベースとなり、長野の発酵食は産業としても発展してきました。発酵食には、うまみや風味が増す味覚面だけでなく、栄養価が高まり、消化を助け、腸内環境を整えるといった健康面でのメリットも大きいのです。

厚生労働省が発表した平均寿命（2020年）のデータでは、全国平均が男性81・49歳、女性が87・60歳に対し、長野県は男性82・68歳（全国2位）、女性88・23歳（全国4位）となっています。

長野県民が発酵食を日常的にとり入れていることは、長野県の平均寿命が日本でもトップクラスで、健康寿命が長いことと無関係ではないといえるでしょう。

今、長野県の発酵食のクオリティが注目されている

今、日本一の生産量を誇る味噌、日本で2番目に酒蔵数が多い日本酒をはじめ、ワイン、しょうゆ、漬物、納豆など、長野の発酵食のクオリティに注目が集まっています。また、南北に長い広大な県土を有し、複雑な地形から、北信、中信、東信、南信と大きく4つの地域があり、それぞれの地域で独自に発展した多彩な食文化もあります。

長野の食文化の魅力を知るためには、現地で直接、その風土とともに味わってみるのも一つの方法です。長野県を専門にワインツーリズムの企画・運営をする「長野ワイントラベル」の代表、前澤知江さんはいいます。

「日本酒にしても、通常は流通させるものは火入れして発酵を止めていますが、火入れしていない〝生酒〟は現地でしか手に入らないものもあります。手作り味噌にしても酵素が活きているものの方が、味に複雑味が出るような気がします。やはり、現地でないと味わえないものも多いので、ぜひ長野に来て食やお酒の魅力を発見していただきたいです」。

長野県には、日本酒蔵やワイナリー、ビール工房など、試飲ができる蔵も多く、レストラン併設のワイナリーも少なくありません。ぜひ、現地でお酒と郷土食を楽しみたいもの。前澤さんがおすすめする長野の郷土食とワインのマリアージュを教えていただきました。

「長野は春になると山菜がたくさん採れるんです。たとえば山菜のてんぷらにキリッとした酸味がある長野のシャルドネを合わせたり、また、秋から冬にかけてはジビエの季節なのですが、長野のジビエにしっかりとタンニン（苦み）のきいた赤ワインも最高ですよ」。

マリアージュのおいしさと楽しさが伝わってくるようですね。地図の上だけではわからない長野県の魅力を伝えるべく、発酵食に携わるさまざまな造り手を訪ねてみました。

■長野ワイントラベル　長野県東御市和5180　http://naganowine-travel.com/

ワインの産地としての珍しい事例を紹介。

高校であり、ワイナリーでもある「塩尻志学館高等高校」

長野ワインの発祥の地といわれる塩尻市で、果実酒類製造免許を取得し、生徒たちによってワイン造りを手がけている高校があります。長野県塩尻志学館高等学校です。「総合学科では2年生から専門科目が選択でき、『ワイン製造』もその一つです」と同講座の担当教員である田中滋康先生。全生徒数約590名のうち、『ワイン製造』の定員は2年と3年で計60名ほどと、とても人気があるため抽選によって人員を決定しているそうです。

ぶどうの栽培からワインの醸造まで一貫して学べる授業があるという全国でも珍しいこの高校。彼らが造るワインは、国産ワインコンクールでも受賞するほど希少価値があり、味、品質ともに高い評価を得ています。

「1943年から続くワイナリーとしての伝統や実績もありますから、しっかりと品質を保っていかなくてはと思います。本当にありがたいのは塩尻市や地域の企業などにサポートいただいていることですね。北海道の帯広、余市、札幌、小樽など、ぶどう畑や醸造施設の研修も実施しています」。

生徒さんは味見ができない分、目と鼻の感覚がしっかりと鍛えられるとか。「ワインにとって色や香りは大切な要素ですから。卒業後、彼らが醸造の道を選んだら、きっといい醸造家になると思いますね」。

これまでの経験をもとに生徒に指導する田中先生。生徒は自分の名札がついたぶどうの樹を責任もって管理する。

塩尻志学館高校のワインブランド「KIKYOワイン」。年に1度の文化祭で譲渡会という形で生徒の親族や学校関連の方々、地域の方々にお安く提供しているとか。

新しい味噌の魅力と可能性を発信し続ける老舗味噌蔵

味噌蔵 すや亀本店

たくさんの人々が全国から訪れる善光寺（北信地方・長野市）。そのお膝元に1902年（明治35年）に創業したのが、「すや亀本店」です。伝統的な味噌の製造業を営んでいた老舗味噌蔵が、通販、飲食と事業を拡大。1996年（平成8年）には、善光寺の仲見世通りに直販店を開店、テイクアウト商品が人気になりました。その後も、味噌はもちろん味噌加工品を次々に販売し、味噌の魅力と新しい可能性を提案し続けています。同社の代表取締役・青木茂人（あおきしげと）さんにお話を伺いました。

仲見世通りの善光寺店で、「みそソフト」が大ブレーク

善光寺の仲見世通りとは、善光寺の仁王門から山門にかけての通りをいい、両側に約60店舗の飲食店や土産物店などが並び、門前町らしい賑わいをみせています。この仲見世通りの入口に「すや亀 善光寺店」（以下善光寺店）を開店したのは、1996年（平成8年）のこと。

「味噌と味噌加工品を直販し、テイクアウトできる『焼きむすび』『みそソフト』などを販売しました。周辺の散策に食べ歩きできるよう、焼きむすびは海苔を巻いて食べやすくしました。『みそソフト』は、当時、東京の人気アイスクリーム店の商品ににんじんやさつま芋が入っているのを見て、これは味噌でもいけると思ったのが、誕生のきっかけです」と話す青木さん。「みそソフト」はマスコミにも取り上げられ、瞬く間に人気に。善光寺御開帳期間中のゴールデンウィークに、1日3000個を売るという記録を達成したそうです。圧倒的に認知度が向上すると、事業の中で相乗効果が見られました。

「善光寺店で扱っている商品を置かせてほしいといった卸の取引も増えました。こちらから頭を下げてまわっていた、卸中心の時代には考えられなかったことです」。

味噌離れが加速する中、3代目となり味噌蔵を継ぐ

青木さんの祖父で、創業者である青木亀吉さんは、17歳のときに信州で最も古い味噌蔵の一つ、小諸市の「酢屋久衛門商店（現在の酢久商店（山吹味噌））」に修行に入り、しょうゆ・味噌の醸造技術を修得された後、暖簾分けを許されたそうです。

「酢屋久衛門商店さんからいただいた『酢屋』と、祖父の名前の『亀』を合わせて、『酢屋亀』の屋号になったんです」。

青木（茂人）さんが3代目として家業を継いだのが、1975年（昭和50年）。

「当時は、消費者の味噌離れが進んでおり、売上は落ちる一方でした。これまでの卸中心の商売には限界を感じていました。だからこそ、周囲に気兼ねなく、思い切って変えることができたんです」。

次々と味噌加工品を考案、通販事業を軌道に乗せる

「まずは味噌屋だから味噌を造っていればいいという発想を捨てて、始めたのが通販です。『味噌』や『味噌漬け』は、当たり前すぎて売れず、『野沢菜漬』を販売したところ、大ヒットになりました」。

信州の特産品の通販に可能性を見出した青木さんは「蕎麦」や「りんご」「自家製の漬物」のほか、味噌加工品の開発も行い、商品数は、300種類以上になりました。その後、1985年（昭和60年）、本店を改装し、飲食ができるコーナー「食味処」も開店。看板メニューとなったのが、味噌を塗って焼いた「焼きおにぎり」。こちらは、後にオープンした善光寺店のテイクアウトメニューにもなりました。通販、飲食、直販と事業を拡大していった青木

味噌や味噌加工品が所狭しと並べられている本店ショップ。

手前右側が「善光寺店」。「みそソフト」や「焼きむすび」は発売から26年経った今も人気で善光寺仲見世通りの名物。

青木茂人さん
(あおき しげと)
すや亀本店 代表取締役。慶応義塾大学卒業後、東京の同業社で勤務。昭和50年（1975年）に家業の味噌蔵を継承し3代目となる。味噌の製造卸業に加えて通販、直販、飲食を始める。

さんですが、その根本にあったのは、本業である味噌造りへの思いです。
「通販や直販を何のためにやっているのかつき詰めたら、味噌屋として、やはり味噌をもっと食べてもらいたいからなんです」。

味噌の文化を守りながら、味噌の可能性を追求していく

すや亀の味噌はすべて無添加で、厳選した材料を使い、安心して食べられるのが特徴です。信州味噌独特の山吹色で、やわらかくて使いやすい「こがね」、国産こしひかり米を使い木桶で長く熟成させた「こしひかり」、原料の米や大豆を選りすぐった「究極をめざす味噌」などがあります。

すや亀の味噌蔵に入って誰もが驚くのは、歴史を感じさせる大きな木桶です。「木桶は単なる容器ではなく、味噌にとって大切な発酵・熟成の主役。蔵付き酵母が住みつき、すや亀の味噌の味や香りを醸し出してくれるんです」。

また、蔵の中央にある120年以上前に造られた石組みの井戸も健在。この天然水を使って味噌は製造されているのです。

「もちろん、原料、設備だけでなく、すや亀が大切にしているのは、熟練職人たちの技術です。自然との調和を計りながら仕込みをする、伝統的な寒仕込み（冬場に味噌を仕込む製法）には匠の技が欠かせません。味噌は、日本人の食を支えてきた発酵食でもあります。120年余の暖簾と味噌の文化を守りながら、その時代のライフスタイルや嗜好に合わせて味噌の可能性を探求し続けること。それが、私たちの使命だと思っています」。

「食味処」の看板メニューは味噌を塗った「焼きむすび」。味噌汁や漬物、季節のお惣菜がついたセット「焼きむすび籠」が人気。

「みそソフト」は味噌が隠し味になっていて、ほんのりと感じるコクと塩加減がクセになりそうな味。

本店で人気の商品、左から「門前甘酒」「しょうゆ豆」「くるみ味噌」「味噌マヨ」。

すや亀本店
長野県長野市西後町625
営業時間：平日9：00〜18：00
祝日9：30〜17：30
定休日：日曜・大晦日・元旦・1/2
（本店内 食味処）
営業時間：食事11：30〜14：00
喫茶10：30〜17：00
定休日：日曜・祝日（連休によって変わります。詳細はHPでご確認ください。）

（すや亀　善光寺店）
住所：長野県長野市元善町仁王門北
営業時間：夏季9：00〜18：00
冬季9：00〜17：00
定休日：水曜

https://www.suyakame.co.jp/shop/

伝統の天然醸造・寒仕込み 木桶が醸すしょうゆの味

しょうゆ蔵　松岡屋醸造場

しょうゆといえば、昔は木桶による仕込みが当たり前でしたが、今はオートメーション化され金属製タンクが主流です。長野県の南信地方・飯田市にある松岡屋醸造場は、伝統的な木桶によるしょうゆ造りをしている数少ない醸造所の一つ。創業は、戦国時代の1534年（天文3年）、信州第二の老舗で490年もの歴史がある同社の、15代目・木下拓（きのしたひろむ）さん、息子さんで後継者の木下祥平（しょうへい）さんにお話を伺いました。

時代は変わり、少数派となった天然醸造、寒仕込み

松岡屋醸造場に入ると、まず目を奪われるのが、高さ2m以上の大きな杉の木桶です。木桶で仕込みをしているしょうゆメーカーは長野県内でも指で数えるほど。かつて、全国的に工場のオートメーション化が進む中、同社も進むべき道について悩んだというのは15代目・木下拓さんです。

「私どもは昔から、寒仕込みと長期熟成を基本とする伝統的なしょうゆ造りを基本とし、少量でも品質の良い原料を選んで行ってきました。もしも大量生産にふみ切れば、コストは下げられ、均一商品が安価で提供できるかもしれません。でも、本当にそれでいいのかと考え、小さくても家族でやりきる道を進むことにしたんです」。

松岡屋醸造場は家族だけで蔵を営んでいます。製法は、「天然醸造・寒仕込み」といい、一年の自然のままの温度や湿度の変化を利用して、しょうゆ造りをしています。

「天然醸造では原料の大豆や小麦が収穫される秋から冬に大豆を蒸し、小麦を炒って砕く作業から始まります。それらを混合したものに、種麹を混ぜて麹を造り、麹ができたら食塩水を加えてもろみ造りに入るのですが、そこまでの作業は高温で労力も大きく、夏場では到底できません。寒い季節に行うので寒仕込み。その後約1年かけてじっくりともろみを熟成させます」。

おいしさを造る菌が生息する天然醸造のしょうゆ蔵

仕込みの冬の時期には、炊いた大豆の甘い香りや炒った小麦の香ばしい香り。初夏はもろみの圧搾作業の時期なので、蔵全体にしょうゆのいい香りがしています。そんな季節折々の醸造場の香りを感じながら育ったのが、16代目の祥平さんです。

「学校から帰ると、父が嬉しそうな顔で、『大豆、炊けたぞ。食うか？』と、よく炊きたての大豆を食べさせてくれました。それがすごくおいしくて。父の後を継いだのは、働く姿をいつも見ていて、自分もやってみたいと思ったからです。蔵に入ってから今年で16年目になりますが、まだまだ父に学ぶことは多いです」。

人の手によるところが大きい、麹造りは熱さとの闘い

「やはり発酵食品ですから、大切なのは1にも2にも麹造りです」と祥平さん。麹造りの目的は、麹にタンパク質の分解酵素をたくさん作ってもらうこと。麹はその繁殖の工程でどんどん熱を出し、放っておくと自らの熱で死滅してしまうそうです。

「そのため、人の手で攪拌（かくはん）して菌が繁殖しやすい環境を作ってあげることが必要。夜も交代で3日間かけて行うのですが、まさに熱さとの闘いですね。ある程度、培養ができたと感じたら、食塩水を加えて木桶に移し、もろみ造りのプロセスに入ります。ここからは木桶に住み着いた乳酸菌や酵母菌などによる発酵・熟成が始

飯田大火から逃れた、貴重な写真。
当時大正11年伝馬町 松岡屋醤油店。右端が13代目の小塩禄郎氏。

後ろは松岡屋醸造場の麹室。床一面に平らに麹をならす。しょうゆにとって大切な製麹（せいぎく）の作業は、3日3晩夜も交代で続く。

熟成が終わったもろみは、しょうゆのいい香りがし、艶やかな色が美しい。

まります」。

木桶の最大の特徴は、木材の表面に微生物が住み着くことです。蔵つき酵母などと呼ばれ、木桶以外にも壁、天井、蔵と、至るところに住み着いているそうです。松岡屋醸造場のような歴史ある蔵では、長い年月をかけてそれらが独自の生態系を作り、発酵調味料にその蔵独特の個性や味わいを醸し出しているのです。

そんな昔ながらの伝統製法にこだわる一方で、地元の素材を活かした新しい商品作りにも力を入れています。

老舗の伝統を守りながら新しいニーズを取り入れる

「飯田市周辺はフルーツが有名で、隣の松川町のりんご果汁を使った減塩しょうゆや、長野県最南端の天龍村の柚子果汁を使ったしょうゆも開発しているんです」。

入口付近の売店に直接買いに来てくださるお客様も多くいらっしゃいます。さらに地元の郷土料理「五平餅」の老舗店で昔から使用されていたり、肉料理店が多い飯田市のステーキ店やレストラン、ホテルなどでも多く取り扱われたりなど、松岡屋醸造場のしょうゆは、地域の食文化に根差しているのです。拓さんはいいます。

「私どものもの造りに賛同してくださるお客様もまだまだたくさんいらっしゃる。確かに、一からしょうゆを製造することはとても時間がかかり大変ではありますが、それこそが一番の価値であると考えています。うちのしょうゆをおいしいと思ってくださる方、これでなきゃと思う方がいる限り、続けていきたいと思っています」。

左：木下 拓さん
（きのした ひろむ）
15代、代表取締役。地元の原料のみを使用した「地大豆醤油」や「地大豆柚子醤油」などを開発。

右：木下祥平さん
（きのした しょうへい）
16代（後継者）。自社WEBを開設、ネット販売を開始。長野県最速で、抗酸化（密封）ボトル商品を開発。

松岡屋醸造場製造の商品のラインナップ。一番人気は30年以上地元で愛されている「松錦」。「信州みそも自社ですべて製造している。

味噌を造る麹で育てたさわやかな甘酒「アイス生甘酒」。とろっとしたシャーベットのような食感がおいしい。

松岡屋醸造場
長野県飯田市今宮町3-70
ECサイト：
https://matuokaya1534-shop.com/
HP：
https://matuokaya1534.com/

しょうゆを通して、日本の食文化を次の世代に伝承したい

しょうゆ蔵　伊那醤油

「日本の屋根」と称されるほど高い山脈がそびえる長野県。合間の盆地は「平（たいら）」といい善光寺平、松本平、佐久平、伊那平（いなだいら）があり、それぞれに歴史や文化が栄えてきました。南信地方にある伊那平は、東西10km南北80kmの細長い地形から、「伊那谷（いなだに）」とも呼ばれています。そのほぼ中央の駒ヶ根市にある「伊那醤油」は、伊那谷の食文化に欠かすことのできないしょうゆ蔵です。代表取締役・米山弘（よねやまひろし）さんにお話を伺いました。

地域のしょうゆの味を守るため。協業で設立された伊那醤油

しょうゆは、全国の地域ごとの特徴があり、地域の食生活に根差した調味料といえます。１９４２年（昭和17年）に伊那醤油が設立された理由には、そんな地域の味を守ろうとした背景がありました。当時は、戦争の影響でしょうゆの原料の入手が難しくなっていました。そこで、伊那谷の北部、上伊那と呼ばれる地区のしょうゆメーカー16社が、資産を出し合い醸造場を造り、原料の確保、生産、配給を行うために立ち上げたのが、伊那醤油（当時は上伊那醤油協同醸造場）だったのです。

「私の祖父が2代目、父が4代目、私が6代目の社長をしています。製法を大きく変えたのは父の代から。それまで天然醸造でやってきたしょうゆ造りを、熟成が終わったもろみを搾った『生揚（きあ）げしょうゆ』を導入し、製造にかかる労力、コスト、時間を大幅に削減しました。その結果、安価で品質も安定したしょうゆを地域に供給できるようになったんです」と話す米山弘さん。生揚げしょうゆはそのままではなく調合と火入れをして出荷します。調合は仕上げにアミノ酸液などを加え味のバランスをとる工程です。

「調合具合は、昔ながらの伊那谷のしょうゆの味になるよう努力して完成させたと聞いています。また火入れは、しょうゆにとって大切な色、味、特に香りを整える役割があり、そこは職人の腕の見せどころといえますね」。

野沢菜漬といえば「しらふじ」。しょうゆの味が地域の味になる

伊那醤油は、生揚げしょうゆにアミノ酸液を加えた「混合しょうゆ」とアミノ酸液を加えない「本醸造しょうゆ」を製造しています。

アミノ酸液とは、大豆や小麦を塩酸や酵素で加水分解して作られる液体で、食品業界では広く使用されており、加えることでうまみやコクがでます。

「当社で一番の人気商品は、『しらふじ』といううすくちの混合しょうゆです。11月の野沢菜漬の頃になると出荷量が普段の何倍にもなります。この辺りでは、野沢菜を買ってきて漬け込むご家庭が多く、『しらふじでなければ野沢菜漬の味にならない』という方もいますから。野沢菜だけでなく、煮物、炒め物、焼き魚、冷ややっこ、卵かけごはんなど、『これ1本で何にでも使う』という方も多いんですよ」。

「しょうゆもの知り博士」として県内の小中学校で出張授業

米山さんにはもう一つ別の顔があります。10年ほど前から、日本醤油協会の養成講習を受けて委託された「しょうゆもの知り博士」として、地域の小中学校から高校、専門学校、さまざまな団体施設へと赴き、子どもから大人までを対象に、しょうゆをテーマに授業を行っているのです。

「しょうゆの原材料（大豆、小麦、塩）が、しょうゆ造りの中でどのように変化するのか、工程のサンプルを見せて触ってもらったり、しょうゆの香りや味比べをしてもらったり。〝五感〟を通して学んでいただくことを大切にしています。でも、一番勉強になっているのは私自身かもしれません。授業を通して、しょうゆについて実はあまり知られていないことを実感できたからです。たとえば、しょうゆの原材料が何か

伊那谷の一般的な野沢菜漬けの作り方●洗った野沢菜を容器に入れ、しょうゆ「しらふじ」をかけながら砂糖、酢を加えて漬け込み、落しぶたをして重石を乗せる。野沢菜が長いままなら10～14日、5cm程度に切ったものなら5日ほどで食べられるそう。

しょうゆもの知り博士として、地域の学校や団体施設をまわりながらしょうゆの魅力、特徴を伝える米山さん。

米山 弘さん
(よねやま ひろし)
伊那醤油株式会社・代表取締役。長野県醤油工業協同組合連合会・理事長。食育活動にも力を入れ、日本醤油協会の「しょうゆもの知り博士の出前授業」として地域の小中学校や団体施設へと出向き、しょうゆの魅力を発信している。

大きなタンクが並ぶ伊那醤油の工場。山々が近くに迫る駒ヶ根市は、西に中央アルプス、東に南アルプスに挟まれた、「アルプスがふたつ映えるまち」として名高い。

を知っている人はごくわずか。皆さん、大豆や塩までは出ても小麦までは出てきません。さらに、『え、しょうゆって発酵食品だったの?』と驚く方もいて、これはしょうゆ屋にとってはショックです(笑)。」

食生活を豊かにする しょうゆの魅力を伝えたい

「しょうゆの魅力はおいしさだけではないんです。刺し身や肉などの生臭さを消したり、殺菌作用があったり。炒め物などに使うと香ばしくなり食欲が出ます。塩味のきつい干物や漬物にしょうゆをちょっとかけて食べると、逆に塩気が抑えられておいしくなるんです。他の調味料とも合わせやすく、砂糖と合わせるとすき焼きやみたらしだんごのたれ、酢なら春巻きや焼売、酢の物、みりんなら煮物やうどん、そばの汁など。鰹節やバター、マヨネーズなどと混ぜてもしっくりきます。そんな万能な調味料は他にありますか?

和食が2013年、ユネスコの無形文化遺産に登録されましたが、しょうゆは、和食を豊かにする大切な調味料。今の時代を生きる私たちの役割は、失われつつある本来の和食の味を、次の世代に伝えてあげることだと思っています。私はしょうゆ屋ですから、しょうゆを通じて食生活の大切さをこれからも伝えていきたいですね」。

左から、伊那谷を代表するうすくちしょうゆ「しらふじ」(混合)1ℓと100mℓ、万能に使えるこいくちしょうゆの上級品「ふじ」(本醸造)1ℓと100mℓ、普及版のうすくちしょうゆ「しらぎく」(混合)1ℓ、行者にんにくがたっぷり入った肉料理にも合う「行者にんにくしょうゆ」180mℓ、こいくちしょうゆの普及版「きく」(本醸造)1ℓ。

伊那醤油株式会社
長野県駒ケ根市北町3-15
https://www.inasyoyu.com

その時代ごとに進化しながら、いつも輝いている酒蔵でありたい

清酒「真澄」蔵元　宮坂醸造

清らかな水と澄んだ空気に恵まれた地、長野県・諏訪市。古くから酒造りが盛んなこの地にある宮坂醸造も、創業は1662年（寛文２年）、江戸時代にさかのぼります。360年以上の長い歴史がある由緒ある酒蔵は、存続の危機に陥ったことも少なくないそうですが、今があるのはいつの時代にも伝統にあぐらをかくことなく、その時代の当主たちの革新的な采配と強い意志があったからこそ。長野県酒造組合の会長でもある、代表取締役の宮坂直孝さんにお話を伺いました。

5年前にリブランディングを実施。「七号酵母」に特化し原点回帰

JR上諏訪駅から甲州街道を進むと見えてくる宮坂醸造の蔵元ショップ「セラ真澄」。直線美を生かした堂々とした日本的な建物。格式高い神社のような荘厳な雰囲気でありながら温かみも感じさせます。

「5年ほど前に商品のリブランディングをして、ブランドロゴを作り、ラベルのデザインも一新しました。もちろん、昔からある『真澄』も残しています」と話すのは、宮坂醸造代表取締役の宮坂直孝さん。

「これまでは市場に好まれる香りを追い求めて他の酵母も使用していたのですが、11年前から息子の勝彦が『ラベルが古臭い、ネーミングが良くない、親父の造っている酒なんてうまくない』と。最初は何いってるんだと思いましたが、よくよく考えてみるとそれは30年前に私が父にいったことと同じ（笑）。やはり若者は時代の空気をしっかり読んでるんですね」。

最も大きかったのは、使用する酵母を「協会七号」一本に絞る決断をしたこと。

「これまで協会酵母になった酒は日本には3銘柄しかない。六号の『新政』さん（秋田県）、七号の『真澄』、九号の『香露』さん（熊本県）。息子に『この3つの1つである誇りを捨てるのか』といわれ、決心がつきました。協会七号酵母に原点回帰し、今の人たちの感性に合うブランドイメージにして新ラインをリリースしたんです」。

親子で試行錯誤をくり返し誕生した新しい真澄は、現代人の食生活に合う、料理の味わいを引き立たせる食中酒。七号酵母ならではの品の良いフルーツ香、穏やかできれいな酸味、辛口でありながらほのかな甘みを感じるお酒となりました。

「真澄」を語るうえで欠かせない「協会七号」酵母とは？

宮坂家は、信濃の戦国大名、諏訪氏の家臣でしたが、武田や織田との戦乱に翻弄され、刀を捨てて1662年（寛文2年）に造り酒屋となりました。諏訪氏の居城・高島城へ酒を納める仕事もしており、蔵の銘柄「真澄」の名は諏訪大社の御宝鏡『真澄の鏡』に由来しています。

長年の試行錯誤が実を結び、ついに1943年（昭和18年）、日本中の酒蔵が自慢の吟醸酒で覇を競う全国清酒鑑評会で「真澄」は第1位の栄冠を獲得しました。その後も清酒鑑評会で上位入賞をくり返す「真澄」。諏訪の小さな蔵の酒がなぜそこまで抜きん出たのかと、その〝秘密〟を知るために大蔵省醸造試験場の山田正一博士が来訪。蔵の中をくまなく調べ、醪から新種の酵母を発見したのです。酵母は『協会七号』と名付けられました。

「祖父らは蔵人たちに掃除なども徹底させていましたから、優良な酵母が住み着きやすい環境をつくっていたのだと思います。それが、真澄というお酒を開花させる栄誉につながったのです」。

「協会七号」酵母は、頒布が開始されると、すぐに全国の酒蔵へと広がり、今では「近代日本酒の礎」と称されるほど。頒布から70年以上経った今でも、全国の多くの酒蔵で使用されているそうです。

日本酒を世界の人々に知ってもらうために

80年代後半から日本に「バブル期」が訪れ、地酒ブームが起きて、純米酒や本醸造が売れるようになるのですが、普通酒

酒器などの雑貨のセレクトショップ。お酒のショップでは、真澄のラインナップが並ぶ。

蔵元ショップにある試飲コーナー。季節限定商品やスタッフおすすめのお酒をゆっくりと試飲できる。

宮坂直孝さん
（みやさか なおたか）
宮坂醸造代表取締役。1956年諏訪市生まれ。慶應義塾大学商学部卒。米国ワシントン州ゴンザガ大学にてMBA取得。諏訪商工会議所副会頭や日本吟醸酒協会理事長を務め、日本酒業界の発展に尽力。2022年に長野県酒造組合の会長に就任。

左から昔ながらの真澄「特撰 本醸造」、リブランディングした真澄「漆黒 KURO 純米吟醸」、「白妙 SHIRO 純米吟醸」、「茅色 KAYA純米」、「真朱 AKA 山廃 純米吟醸」。

長野県の自然豊かな環境から作られる米と清らかな水、名杜氏によって代々引き継がれた高い技術によって「真澄」の味が生まれている。

の売り上げは激減し、宮坂醸造の業績も下り坂に。苦境に苦しむ宮坂さんにある蔵元の知人から連絡が入ります。

「そういうときは頭を切り替えたほうがいい。僕と一緒にフランスのワイナリーを見に行きませんか」というお誘い。

「このツアーは私にとってすごく勉強になった」という宮坂さんが掲げた施策は次の3つでした。

1　もう一度、酒の品質を磨き直す
2　ツーリズムに力を入れる
3　輸出に力を入れる

特に2に関しては「フランスで地方の中規模な街がワインを中心に産業を発展させて街全体が潤っているのを見ました。同じように、長野県、諏訪市でも本気を出してツーリズムに取り組んだら魅力的な場所になるのではと始めたのが『諏訪五蔵の酒蔵めぐり』。諏訪にある5つの酒蔵を飲み歩きできる通年企画なんです」。

この企画は大好評となり、2023年には年間約1万人が有料クーポンを購入。

「これからの酒蔵は酒造り半分、観光業半分だと思っています。でも私たちは常に中堅企業でありたい。いつの時代も細く長く、そしてキラキラと輝きながら生き残っていく酒蔵でありたいです」。

宮坂醸造株式会社・セラ真澄
長野県諏訪市元町1-16
営業時間：10：00～17：00
定休日：水曜日および1月1日
https://www.masumi.co.jp/

創業128年の歴史ある酒蔵で酒造りを復活させた女性杜氏

清酒「つきよしの」蔵元　若林醸造

信州の鎌倉とも称される長野県の東信地方に位置する、上田市塩田平。山々に囲まれた田園風景が広がる、日本の原風景ともいえるのどかな地に、1896年（明治29年）創業の若林醸造はあります。「清酒 月吉野」と書かれた看板と杉玉が吊るされた門から迎えてくれたのは、蔵元であり杜氏の若林真実さん。長野県で7人目となった女性杜氏です。若林さんが目指した酒造りについてお話を伺いました。

酒蔵がなくなることは、自分のアイデンティティがなくなること

長野県上田市で代々続く酒蔵に生まれた若林真実さん。しかし、子どもの頃から興味は外の世界へと向き、高校を卒業すると東京の大学に入学、アメリカで短期の語学留学も経験します。卒業後は、東京の婦人服の会社に就職しました。ある日、休暇で帰省していたときのこと、両親が話す内容を小耳に挟んで、愕然とします。

「酒蔵をたたもうかと話していたんです。私にとっては生まれ育った場所なので、自分のアイデンティティがなくなる恐怖を感じました。後継者がいないのなら自分が継げばいいと思い、会社を辞め実家に戻ったんです。でも、日本酒がどうやって造られているのかさえ全く知りませんでした」。

若林さんは一から勉強しようと、市内でも一番大きい酒蔵で修行を始めました。そのことが若林さんの運命を変えたそうです。

「そこで出会った一人の杜氏さんのおかげで、私も杜氏になろうと決めました。すごい方で当時78歳。15歳から酒造りを始めていて、全国新酒鑑評会などで何年も連続して金賞を受賞されていました。徐々にですが、いろいろな作業を見せてくださるようになり、やっといろいろと教わることができると思った矢先に、その方が急逝してしまったんです」。

悲しい出来事を経て、杜氏になろうとさらに勉強を続けた若林さん。実家の蔵で初めて仕込みをしたそうです。

「実家では長い期間、委託醸造に頼り、麹造りをしていませんでした。それでは酒造りといえないと思い、約50年間使用していなかった麹室を修復。醸造設備を整え、自社による酒造りを復活させました」。

若林さんが杜氏として本格的に酒造りを始めたのが2016年、29歳のときでした。

家族と一緒に毎日飲みたいお酒が、自分が造りたいお酒

若林醸造の蔵ショップには、「つきよしの」ブランドの色鮮やかなラベルのお酒が並んでいます。それぞれに「白」「萌黄」「華」「緑」「空」など色や自然にちなんだ名前がつけられています。ブランド名も従来の「月吉野」から「つきよしの」にしたことで、女性らしいやわらかさが感じられます。

「味の特徴は、すっきりしていること。雑味がないこと。飲みやすいこと。こういうお酒にした理由は2つあり、1つは自分が飲んでおいしいと思えて、お酒好きな家族に喜んでもらえるお酒を造りたかったから。もう1つは別所温泉が近いこともあり、昔からうちのお酒を置いていただいている旅館のために、料理と合わせやすく、お客様に喜ばれるお酒にしたかったからです」。

原料の酒米は、真実さんの代から、地元の上田市や東御市の農家と直接契約した米を使っています。また、「つきよしの」の特徴を出すために、製法で譲れないところもあったといいます。

「米は精米（米磨き）、浸漬（水に漬けて吸水させる）の後、蒸し米にするのですが、その際に〝自然放冷〟といい、全ての米を枯らし台に移して、自然に冷ましています。また最後のもろみから生酒を搾る際、昔ながらの槽搾りで、酒袋に入れて自然の重みで24時間かけてじっくりと搾り、仕上げに機械の圧力で搾るという方法をとっています。これらは一般的には大吟醸など高級なお酒だけに使われるのですが、うちでは全てにこの方法を採用しています」。

自分がやりたいと思ったイメージにまっ

蔵のショップで。壁にかけられた「萬年仙酒」の書は、幕末から大正時代に生きた政治家、久我通久氏より創業時に初代に贈られたものだとか。

若林さんが杜氏となった8年前、約50年間使っていなかった麹室を修復し本格的な自醸製造を開始した。

若林真実さん
（わかばやし まみ）
2016年杜氏となり「つきよしの」を醸す。2023年「サンフランシスコ国際ワイン品評会 日本酒部門」にて「Moon Bloom Daiginjo」が最高賞を受賞。2024年「令和5年酒造年度全国新酒鑑評会」にて「つきよしの 真」が金賞を受賞。

左から「桜」「赤」「萌黄（もえぎ）」「真」「白」（すべて「つきよしの」）。

すぐに進んだ若林さん。彼女が醸した「つきよしの 真」は、２０２４年・全国新酒鑑評会にて金賞を受賞するまでになりました。

サンフランシスコ国際ワイン品評会で最高賞を受賞

「杜氏になって間もない頃、機内誌に取材していただいたんですが、記事を読んだアメリカの起業家と縁がつながり、その方に輸出パートナーを依頼する形で、アメリカでつきよしのを売ることになりました」。輸出用の商品は、「ムーンブルーム（Moon Bloom）」といい、ラベルには月と女性と桜が描かれています。「ムーンブルーム」は、２０２３年11月、「サンフランシスコ国際ワイン品評会」で最高賞の「ダブルゴールド」を受賞しています。

「海外に進出できたことは本当にラッキーでした。でも、私のホームグラウンドは長野です。長野には、美しい自然と豊かな水源、田んぼが作れる良い環境があり、原料の調達が県内でできるのが強みです。そんな長野の良いところをアピールしていきたい。毎年、新しい商品を造ったり、新しいことにチャレンジしたりしながら、いろいろな人と関わって、自分たちのことを知ってもらえるとうれしいです。人生、明るく過ごしていきたいですね」。

蔵のショップには日本酒はもちろん、甘酒やジュースなどが並ぶ。

若林醸造株式会社
長野県上田市中野466
定休日：土日祝祭日（第三土曜日は営業）
https://www.tsukiyoshino.com/
オンラインショップ：
https://www.tsukiyoshino.com/onlineshop

今、熱い「NAGANO WINE」から目が離せない！

ワイナリー　坂城葡萄酒醸造

長野県は2013年、「信州ワインバレー構想」推進協議会を策定。県、市町村、商工団体、観光団体、大学等が連携してワイン振興に取り組み始めました。2023年には次の10年に向けた「信州ワインバレー構想2.0」をスタート。その推進協議会会長に就任したのが成澤篤人さんです。北信地方に位置する地元・坂城町にワイナリー設立の夢を描き、実現した一人。その歩んだ道を振り返り、将来に向け長野県のワインが目指しているものは何か、お話を伺いました。

そのおいしさに衝撃を受けた、長野県の老舗ワイナリー

20代から飲食企業で働いていたという成澤篤人さん。30代で店を持ちたいと考え、長野市内にイタリア料理とワインの店「オステリア・ガット」を開いたのは２００９年のこと。同時期にソムリエの資格も取得した成澤さん。ワインリストには彼なりの強いこだわりが表れていました。

「初めて小布施ワイナリーでテイスティングしたとき衝撃を受けました。長野県にもこんなおいしいワインがあるのかと驚いたんです。そこから興味がわき、フランスやイタリアのワインだけでなく、長野県産のワイン（以下ＮＡＧＡＮＯ ＷＩＮＥ）を数多く揃えました。長野県では、品質の良いワインを造る魅力的なワイナリーがどんどん増えています。仕入れを兼ねてよく足を運ぶうちに、自分もワイン用ぶどうの栽培をしたい、ワインを造りたいと思うようになったんです。僕の親戚が地元で農業をやっていて、彼もワイン好きなので一緒にやることになりました。坂城町に小さな畑を借りたのが２０１１年のことです」。

坂城町が行った土壌調査では、この辺りは、水はけのとても良い砂礫土壌であることがわかりました。

「砂礫土壌といえばフランスのボルドー（左岸地方）と同じとても良い土壌です。ボルドーに多い、カベルネ・ソーヴィニヨンは僕も好きな品種だったこともあり、それで勝負しようと思いました」。

「オステリア・ガットから始まった成澤さんの店もそのときには3店舗になっていました。ワイナリーにレストランを併設することも決まり、ワインの販売拠点もできていました。２０１７年末、信濃毎日新聞に大きく掲載されたのは、「坂城町に初のワイナリー開設」の見出しと成澤さんの写真でした。そして２０１８年、ワイナリー「坂城葡萄酒醸造」とレストラン「ヴィーノ・デラ・ガッタ サカキ」がスタートしたのです。

あの〝猫のワイン〟ね！と、一度見たら忘れられない１本

ワインのラベルはエチケットといいますが、成澤さんのワインのエチケットにはワイン名などの文字要素はありません。代わりに地元風景や猫の絵が描かれていました。

「ワインの情報をすべて裏に入れたのは、棚などに並んでいるワインを買うときに皆さん裏側を見ようと必ず手に取られるでしょう。その狙いもありました。

エチケットの柄を猫にしたのは、僕もシェフも子どもの頃から猫好きだったため、店名もワイン名も猫で行こうと。1号店の『オステリア・ガット』（現在は『ネコノワイン』に改名）は〝オス猫〟、2号店のフランス料理店『ラ・ガッタ』は〝メス猫〟、3号店のパン店は『粉門屋仔猫』。ワイナリー併設レストランの『ヴィーノ・デッラ・ガッタ』は〝猫のワイン〟という意味です。ワイン名も、『猫じゃらし』（ソーヴィニヨン・ブラン）、『猫なで声』（メルロ）、『猫パンチ』（カベルネ・ソーヴィニヨン）…とみんな猫にちなんでいます」。

ワイナリー併設のレストラン「ヴィーノ・デッラ・ガッタ サカキ」にて。
長野県産の食材をふんだんに使ったおいしい料理とワインのマリアージュが楽しめる。

ワイナリー内の様子。坂城町ならではのワイン用ぶどうのもつポテンシャルを大切にしたワインづくりをしている。

積極的にNAGANO WINEと食をプロモーション

２０１３年に長野県によって策定された「信州ワインバレー構想」ですが、成澤さんは、発足当時から「長野ワイン応援団」という団体をつくってプロモーション活動、ワインのイベントの企画、試飲会や勉強会等々、さまざまな活動をしてきました。自身の事業だけでなくＮＡＧＡＮＯ ＷＩＮＥ全体の発展に尽力し続けたことは、

成澤篤人さん
（なるさわ あつと）
2009年、イタリア料理店「オステリア・ガット」を長野市内に開店。2017年、坂城町に坂城葡萄酒醸造株式会社設立。2018年、ワイナリー併設のレストラン「ヴィーノ・デッラ・ガッタ サカキ」を開店。2023年「信州ワインバレー構想2.0」推進協議会・会長となる。

誰もが認めるところでした。2023年から始まった、第2ステージ、「信州ワインバレー構想2.0」の推進協議会・会長を担った成澤さんですが、どのような抱負をお持ちなのでしょうか。

「今後、取り組んでいきたいのは、ワインツーリズムと他産業との連携ですね。国内外の方々に長野に来ていただき、長野県の魅力を知っていただきたい。長野県には日本酒や味噌、しょうゆといった健康的な発酵食品の文化があります。自然豊かで気候も良いです。観光の一番の目的が日本酒だったとしても、ワインにも目を向けていただくことは可能です。そうやって徐々にNAGANO WINEの魅力を広めていきたいです」。

日本全体で見ると、ワイン産地としては新興になる長野県、そんなNAGANO WINEの魅力はどんなところでしょうか。

「いろいろな人たちがそれぞれの思いで、個性的なワインを造っています。栽培しているぶどう品種も多いし、産地としてもすごく面白いんですよ。ワイナリー数だけでみたら長野県は5年後には確実に国内1位になっているはず。10年後に、10人にアンケートをとって長野県のイメージを尋ねたら、そのうちの何人かは『ワイン』と答えてくれる、そんな名産地にしたいです」。

ヴィーノ・デッラ・ガッタ サカキのある日のメニューより。（左）野沢菜漬けとアトリエドフロマージュ 4種のチーズリゾット＆猫目石（坂城葡萄酒醸造）、（右）信州ポーク肩ロースの赤ワイン味噌煮込み。

ワインのエチケットも魅力的。中央の2匹の猫ラベルは坂城町出身の現代アーティスト・小松美羽さん、両側の2本のラベルは画家・OZ-尾頭-山口佳祐さんによるもの。

坂城葡萄酒醸造（ワイナリー）
ヴィーノ・デッラ・ガッタ サカキ（レストラン）
長野県埴科郡坂城町坂城9586−47
レストラン営業時間：ランチ12：00〜15：00、ディナー17：30〜22：00
定休日:不定休
要予約
https://sakaki.wine/

エールビールを日本に広めたい。熱い思いが長野の地で華ひらく

ブルワリー　ヤッホーブルーイング

創業時の社長、星野佳路(ほしのよしはる)（現星野リゾート代表取締役社長）さんは学生時代、留学先のアメリカで初めて飲んだエールビールに感動し、「いつか日本でこのビールを広める」と志を立てたそうです。その熱い思いが実現したのがヤッホーブルーイングです。ブルワー（醸造士）として、その味を創ってきた創業メンバー・福岡篤史(ふくおかあつし)さんと、森田正文(もりたまさふみ)さんにお話を伺いました。

ラガービールがメインだった日本に、エールビールを広めたい！

長野県・東信地方にある佐久(さく)市。この地で1997年からクラフトビール造りを行っているのが、日本では数少ないエールビール専門のビールメーカー、ヤッホーブルーイングです。ビールは発酵方法の違いからラガーとエールに分かれます。日本では明治維新前後に大手メーカーがラガーを造り出して以来、ラガーが主流になっていました。

日本のビール史に変化があったのは94年。酒税法の年間最低製造量が引き下げられ、日本各地で小規模ビールメーカーが立ち上がり、"地ビールブーム"が起こりました。創業メンバーのうちの一人の福岡篤史さんは当時について語ります。

「海外からブルワー（醸造士）などの技術者を招いていち早くスタートしたメーカーも多かったです。でも星野の考えは違い、日本人の技術者が必要だと考えたのです。そして、ブルワー志望だった私が、製造開始前までの約1年間、一からビールの勉強をするため単身で、クラフトビール先進国のアメリカ・シアトルに渡りました」。

シアトルではブルワリーで見習いとして働き、ビール専門学校にも通った福岡さん。あまりの多忙さにくじけそうになった彼を支えたのは、現地で飲んだビールの味でした。

「すごくおいしくて。エールビールとはあ、これなのかと。私も日本でこのビールを造ってみたいと思いました」。

フルーティかつ華やかな香り、コクのある味わいがエールビールの特徴。ラガーに比べると圧倒的にスタイル（種類）が多く、その多様性も大きな魅力でした。

はじめてのエールビールを遂にリリース

97年3月、最初にリリースされたのは、ウィートエール「軽井沢高原ビール ワイルドフォレスト」や本格的なアメリカンペールエール「よなよなエール」です。よなよなエールは、日本最大のクラフトビールフェスティバル、ジャパンビアフェスティバル（98年～）で金賞を受賞するなど、さまざまな品評会で評価されました。

「また、2002年からノウハウの蓄積も兼ねて、軽井沢高原ビールのシーズナル（季節限定品）として、毎年スタイルの違うビールをリリースし始めました。2003年にリリースしたインディアペールビールは、ホップの苦みと深いコクが好評を博し、人気商品『インドの青鬼』の誕生につながりました」。

新しいビアスタイルに挑んだ、入社3年目の若きブルワー

2012年「水曜日のネコ」を開発したとき、ブルワーの森田正文さんは入社3年目。やる気があれば若手にもチャンスが与えられる会社なのです。

「市場で成功したベルギーメーカーのホワイトビールを目指し、原料の配分を変えたり、発酵度合いを変えたり、試飲してレシピに落とし込み、何回も試作しました」。

自分なりに目標の味わいに近づいた頃、韓国からブルワリーのチームが見学に来て、森田さんのビールを試飲し、絶賛したそうです。

「これは本当にすごい、おいしいといってくれて。リップサービスもあったと思いますが、プロに認められたことがすごくうれしかったし、自信にもつながりました」。

ヤッホーブルーイングを代表する「よなよなエール」は、夜な夜なエールビールを飲んでほしいという思いから名づけられた。

ビールに使われる基本的な原材料は、麦芽（モルト）、ホップ、酵母、水の4つ。左からペールモルト、チョコレートモルト、キャラメルモルト、ホップ（マグナム、カスケード）、後列左からエール酵母、水。

右：福岡篤史さん
（ふくおか あつし）
1995年入社。ブルワー（醸造士）として、ヤッホーブルーイングの味を創ってきた創業メンバー。「よなよなエール」の開発も手がけた。

左：森田正文さん
（もりた まさふみ）
2009年入社。「水曜日のネコ」を開発担当。

現在は醸造部門の責任者を務め、ほとんどの製品の開発に携わっている森田さん。

自分たちのビールとは何なのか。クラフトビールの新しい出発

日本にエールビールを広めたいという軸はぶれることなく、さまざまなビールを市場に送り出してきたヤッホーブルーイング。いつしかビール先進国がお手本の時代は過ぎたのかもしれません。

「最近は海外で日本の食文化への関心が非常に高まっていて、アメリカでは日本酒の勉強をした方が国へ帰って酒蔵を開いたり、麹も人気があるんです。そんな中、2024年カリフォルニアのビアフェスティバルに出品。かつて地元の酒蔵さんからいただいた米麹と酒粕でビールを造ったことがあり、それをリバイバルして持って行ったところ、大好評でした」。

これまでビールの原材料はすべて輸入していたのですが、2022年発売の「山の上ニューイ」には信州産のホップが使われています。森田さんは続けます。

「クラフトビールメーカーとしての認識を変えないといけない時代になっているのかもしれません。自分たちのアイデンティティとして、オール長野の原材料を使ったクラフトビールをいつか造れたら。地元のネットワークをもっと強くして、夢を叶えてみたいです」。

（前列右から）クラフトビールと同じ醸造法でありながら度数0.7%「正気のサタン」、驚愕の苦みが人気、インディアペールエール「インドの青鬼」、青りんごのようなさわやかな香りが特徴のベルジャンホワイトエール「水曜日のネコ」、華やかなホップの香り、柔らかな甘みと苦みが特徴のアメリカンペールエール「よなよなエール」、軽井沢限定の定番製品「軽井沢高原ビール ワイルドフォレスト」、シーズナルで毎年違う味が楽しめる「軽井沢高原ビール 2024年限定」。

株式会社ヤッホーブルーイング
本社　長野県軽井沢町長倉2148
佐久醸造所　長野県佐久市小田井1119−1
https://yohobrewing.com/

澄んだ空気、清らかな水。自然豊かな地が生む最高品質の「酢」

酢専門メーカー　内堀醸造

長野県・南信地方にある飯島町。周囲を雄大な山々が囲み、澄んだ空気と清らかな水、自然に恵まれた地に、酢の専門メーカー内堀醸造のアルプス工場はあります。創業は明治9年（1876年）。岐阜県加茂郡八百津町にある本社工場とこちらの2拠点で商品の製造をしています。同社の酢と酢造りについて、アルプス工場の工場長・杉江毅さん、営業企画部の松田絵里香さん・澤田真希さんにお話を伺いました。

技術力で品質とおいしさを追求。酢専門メーカーとしての決意

内堀醸造の社名には「酢」の文字がないので、すぐには酢の会社だとわからないかもしれません。しかし内堀醸造の酢は、自社ブランドだけでなく、他社のマヨネーズやソース、ケチャップ、ドレッシング、麺つゆなどに数多く使われており、日本にいる人のほとんどが同社の酢を味わったことがあるといっても過言ではありません。

「酢は、酒を酢酸菌で酢酸発酵させて造るのですが、私たちは、創業時より『酢造りは酒造りから』という考え方を大切にしており、米酢であれば、米を精米するところから行い、米麹造りも酒造りもすべて自分たちで行います。原料の酒を購入して製造するところもあるなか、黒酢なら玄米酒もろみ、ワインビネガーならワインもろみ、りんご酢ならアップルワインもろみという風に、ベースの酒のもろみを一から造っています。調合資材を使って商品数を増やすのではなく、醸造技術そのものを高めて、酢の品質を追求することが他社との差別化につながると思っています」とアルプス工場長の杉江毅さん。広い工場は醸造室、原材料置き場、酒造りを行うもろみ室、熟成室などにエリアが分かれ、酢の製造量は年間1800万リットルにものぼります。熟成室には容量8万6千リットルのタンクが64本、別の建屋にも15本、さらに22本で計101本あるそうです。

「酢は、熟成工程をしっかりとることで、かどが取れて、まろやかな酸味になるんです。これだけ熟成工程を大事にしているメーカーも非常に珍しいと思います」。

そして面白いのは通称「だし室」と呼ばれている部屋の存在。見ると大きな釜が並び、だし用の北海道産利尻昆布や、鹿児島・枕崎製造の鰹節が山積みになっています。

「業務用だしエキスなどを使わずに、自分たちでだしをとった方がおいしいですから。だし汁に酢、砂糖、塩などを混ぜてすし酢などへ調合したり、しょうゆや柑橘果汁を加えてぽん酢などへと調合しています」。

社員は全員酢オタク？ヒット商品を生み出す社風

内堀醸造の商品は800種類以上もあり、その内約200種類を同工場で製造しているとか。種類の多さに驚きます。

「社員同士よく『このお酒の酢はまだ市場にないよね？』なんて話しています。酢はお酒から造るので、酢になっていないお酒があると気になるんです（笑）。新たなことに挑戦する気風と製品へのこだわりは現在監査役の内堀信吾さんの時代から。93歳になった今も元気に研究をし、毎日酢のことばかり考えているような人です。若かりし頃、世界で一番使われている酢が『ワインビネガー』だと知り、まだ日本になかったこの酢造りに挑戦。完成すると東京の帝国ホテルの高名なフレンチシェフに会いに行ったそうです。シェフはアポなしにもかかわらず、岐阜の若い醸造家が造ったワインビネガーを褒めてくださいました。そんな逸話は数えきれません。このチャレンジ精神のDNAは社員にも受け継がれています」。

内堀醸造の"お酢女子"が教える酢使いのワンポイントアドバイス

酢は体に良いので料理に取り入れたいけれど、酸っぱさが苦手という方も。ここで、営業企画部の松田絵里香さん・澤田真希さんにアドバイスをいただきました。

調合するだしの材料にも妥協はしない。上は北海道産の利尻昆布、下は鹿児島枕崎製造の鰹節。全て自社でだしをとっている。

酢の元になる酒のもろみを製造している醸造室。もろみとは酒の原料が発酵してやわらかい固形物になった状態で、もろみを濾して透明の液体にしたものが酒。

中央：杉江毅さん
（すぎえ たけし）
アルプス工場長
2000年に入社後、製造現場各所で職務を行いながら設備について学ぶ。2006年のアルプス工場設立時は建設運営委員に加わり工場の建設、設備の設計にも携わる。

左：松田絵里香さん
（まつだ えりか）
営業企画部　ブランド戦略課
企業や商品のブランディングに携わる。SNSやHPなどにて企画を立案し、より多くの方々に情報を発信している。また、自社ブランド商品の開発にも携わっている。

右：澤田真希さん
（さわだ まき）
営業企画部　ブランド戦略課
商品パッケージのデザインや表示の校正に関わる業務を担当。SNSの運用にも携わり、会社や自社商品についても情報を発信。

1　酢は加減して使うこと

「酢は少量を〝隠し味〟として使うことで、料理はとてもおいしくなります。ミネストローネやポトフのようなスープに入れると味が引き締まり、チーズリゾットなどのチーズ料理に使っていただくと、チーズの香りが立って、メリハリとコクが出ます。また、スパイスやハーブとも相性がよく、香りを引き出してくれるので、ハーブ焼きやカレーにもおすすめですよ」（松田さん）。

2　ガッツリ系には黒酢を

「魚のフライや鶏の唐揚げなど揚げ物のタレに臨醐山黒酢を少し加えるだけで、タレにコクと酸味が加わり、揚げ物がさらにおいしくなります。八宝菜などの中華の炒め物にもぴったり。臨醐山黒酢のまろやかな酸味がコクを引き出し、麻婆豆腐などの辛みもさわやかにしてくれます」（澤田さん）。

3　作り置きには酢を

「サラダやあえ物、焼きびたし、鶏肉のさっぱり煮など、酢で日持ちも良くなります。常備菜にもおすすめです」（松田さん）。

4　飲む酢でさわやかに

「弊社のフルーツビネガーを水や炭酸で割って〝飲む酢〟としても楽しんでいただきたいです。牛乳や豆乳割りもおすすめです」（澤田さん）。

酢は唾液や胃液の分泌を促進するので、消化吸収も助けてくれます。酢で、毎日、おいしく健康に食事を楽しみたいですね。

（左から）●「美濃特選味付ぽん酢」著名人がTV番組で紹介して話題に。ぽん酢はこれでなければというハマる人が続出している人気商品です。　●「臨醐山黒酢」名称は、本社のある岐阜県八百津町の「臨濟山大仙寺」に由来。おだやかな酸味、旨みや甘みを感じる深い味わいです。　●「純米大吟醸酢」国内で数台しかないダイヤモンドロール精米機で丹念に米を精米し、米と米麹で丁寧に発酵させた純米大吟醸酢。　●「フルーツビネガー 有機りんごの酢」自社で発酵させた有機りんご酢に果汁を加えて飲みやすくした商品。お酒で割ってもよし。ヨーグルトにかけてもおいしいです。　●「フルーツビネガー 白ぶどうの酢」自社で発酵させて造ったぶどう酢にマスカット、シャルドネ、ソーヴィニヨンブランの果汁を加えた華やかな風味の酢。炭酸割りやドレッシングに。　●「オリーブオイルによく合うビネガー」さわやかなぶどう酢に厳選した5種のハーブを漬け込みました。オイル&ビネガーでサラダをもっとおいしく！

内堀醸造株式会社
アルプス工場
長野県上伊那郡飯島町田切160番355
https://www.uchibori.com/
内堀醸造オンラインショップ：
https://www.uchibori.biz/

日本古来の知恵、「麹」の魅力をリブランディングして発信中！

麹屋　西麹屋本舗・24koujiya

長野市の北東部にある地区・柳原。住宅街の一角にあるこぢんまりとしたショップには、塩麹や味噌などの商品が並んでいます。江戸時代後期頃から続く麹屋「西麹屋本舗」の6代目夫妻が立ち上げたショップ「こうじ専門店 24koujiya」です。自蔵で造られた麹を使った発酵調味料や甘酒ドリンクを販売しています。2020年から新しいブランドを立ち上げた、西澤義弘さん、真澄さんにお話を伺いました。

若い夫妻ならではのアイデアがたくさん詰まったアンテナショップ

「24koujiya」の店内には、麹を使ったオリジナルの発酵調味料や味噌をはじめ、キッチン道具やショップバッグといった雑貨も置かれています。また、店内で飲めてテイクアウトもできる甘酒のドリンクコーナーもあります。商品のパッケージもロゴをあしらったシンプルでおしゃれなデザイン。歴史のある蔵のショップという重々しいイメージは全く感じられません。西澤真澄さんによると、

「やはり若い人にも来ていただきたかったのと、麹や味噌に興味がない方でも入ってみたくなるお店にしたかったんです。パッケージのデザインにこだわったのも、家のキッチンに置いてときめくものにしたかったし、手土産やギフトとしても使えるようにしたかったため。24koujiyaと店名を数字とアルファベットにしたのは、インパクトがあって覚えやすいのと、『24時間、いつも麹と共に』という意味も込めました」。

本物の麹造りがあってこそ、新しい発想が生まれてくる

店に並ぶ発酵調味料に使われる麹はすべて、西麹屋本舗の蔵で製造しています。

「家族経営の小さな蔵で、祖父、父の働く姿を見ながら育ちました」と話すのは、2022年に6代目の蔵元となられた西澤義弘さん。西麹屋本舗の蔵に入ると目に飛び込んできたのは大きな木製の桶。「甑」といい、米や大豆を蒸すときに使うそうです。

「大きな工場などでは、ステンレスやアルミの蒸米機を使うところが多く、うちのように木製の甑を使うところは非常に少ないです。木の良いところは蒸した米の水分量をうまく調整できるところです」。

米は120～150kgを一度に蒸し、蒸した後に麹菌を加えます。それを床と呼んでいる大きな容器に移し、一晩寝かせた後、手でよくほぐしてから室蓋という箱に盛り分けます。これを室に運び、一晩寝かすことで、発酵を促し、麹を育てていきます」。

その間の室の中の温度や湿度の管理にはとても気を使うそうです。

「その時々の感覚で、天窓の開け具合を加減したり、ストーブを焚いたり、乾燥しないよう室の中にお湯をまいたり。麹にちょうどいい温度や湿度に調整しています。祖父や父は当たり前のようにやっていたので、僕も同じように覚えました。今は、機械で管理するところがほとんどで、体感で行うのは少々原始的かもしれませんが、長くやっているとわかってくるんですね」。

これらの手間のかかる作業を約3日間続けてできるのが麹です。できあがった麹は、真っ白で、ふわふわとした菌糸をまとい、神秘的な美しささえ感じます。

塩麹ブームが落ち着いた今、麹は現代の食卓に欠かせない存在へ

話はさかのぼり、真澄さんが西澤家に嫁ぎ、蔵を手伝い始めた2011年頃に起こったのが「塩麹ブーム」です。塩麹と、そのブーム時の様子について真澄さんは話します。

「塩麹とは、米麹と塩、水を合わせて熟成させた発酵調味料のことです。食材をやわらかくし、中まで味を浸透させるので、料理がおいしくなるんですね。加えて

室の中ではストーブを焚いたり、お湯をまいたり、麹が生育しやすいように温度や湿度を調整している。

真っ白で、ふわふわとした菌糸をまとった米麹は、発酵が司る芸術品。

木製の甑から蒸し上がった米を床という大きな容器に移し、手でほぐし、適度に冷ましてから麹菌をまぶす。

左：西澤 義弘さん
（にしざわ よしひろ）
西麹屋本舗6代目。代表取締役社長。1985年生まれ。長野県長野市出身。大学卒業後1年間長野県工業技術総合センターで研修を受け、2008年（有）西麹屋本舗入社。2022年より代表取締役社長に就任。

右：西澤真澄さん
（にしざわ ますみ）
24koujiya代表。1982年生まれ。長野県千曲市出身。2017年にオンラインショップを立ち上げ、2020年に「こうじ専門店 24koujiya」、2024年に2号店「貞蔵甘酒 TEIZO AMAZAKE」を長野市大門町に開店。

米麹だけで造られた甘酒ドリンクは、優しい甘みで飲みやすく、粒をつぶしているため口当たりもすっきり。「ミルク甘酒／抹茶」（左）、「プレーン」（中央）、「ソルダムの甘酒スムージー」（右）。

麹の発酵調味料いろいろ。季節によって限定品もある。左から「醤油こうじ」「塩こうじ」「甘こうじ」「玉ねぎ塩こうじ」「バジル塩こうじ」「とまと塩こうじ」。

自蔵で丁寧に造られる味噌も人気。左から「ちょっといい味噌」「いつもの味噌」、ごはんのお供にもお酒のアテにもぴったりな「醤油豆」。

健康にも良いので、にわかに注目されました。ブームの影響はものすごく、問屋さんからの注文が一気に10倍くらいになってしまう怒涛の日々が約2年続きました」。

塩麹ブームは心身の限界を超えるものがあったそうですが、真澄さんに「麹についてもっと知りたい」という気持ちを喚起させたようです。

「その頃、家業を手伝いながら、家族全員のごはんを作る日々のなか、合間に麹のことや発酵調味料について勉強したんです。元々伝統食に興味があり、調べていくうちに麹は体にとても良いこともわかり、子どもができたことで食生活も見直したくてどんどんのめり込みました。自分も作ってみたいと思い、失敗しながらも塩麹やしょうゆ麹などを作り、家族から『おいしいね』といわれたものを商品化していき、それが24koujiyaのオープンへと繋がりました」。たとえば、卵焼きに塩麹、卵かけごはんや目玉焼きにしょうゆ麹といった具合に、いつもの調味料から置き換えてみるだけでも、いつもと食感が変わったり、うまみがプラスされるそうです。

「うちではお刺し身もしょうゆ麹とわさびで食べています。白身魚だったら、お刺し身に対して10%くらいの塩麹をまぶしておき、ごま油を回しかけ、大葉などを刻んでのせるとおいしいです。また、残ったお刺し身もしょうゆ麹に漬けて少しおくといい感じの漬けになりますよ」。

こうじ専門店
24koujiya（にしこうじや）
長野県長野市柳原1893-6
営業時間:11：00〜16：00
定休日:日・月・祝　臨時休業あり
https://nishikoujiya.com/

納豆のパッケージいっぱいに詰められた造り手の良心

納豆メーカー　村田商店

長野駅の市街地から少し離れた長野市若里は、閑静な住宅街を有するエリアです。その一角にあるのが、納豆メーカーの村田商店です。工場に隣接した直売所には「昭和26年創業」と書かれた暖簾が揺れています。ここは、長野でおいしい納豆といえば必ず名前が挙がる、知る人ぞ知る納豆メーカー。3代目であり代表取締役の村田滋さんにお話を伺いました。

日本古来からの優れた包装資材、「経木」に包まれた納豆の魅力

村田商店の工場では、ちょうど、「古今納豆」という経木納豆を包む作業中でした。経木とは木材を薄く紙のようにしたもので、職人が手作業で一枚一枚削って作ります。経木職人は全国でも数えるほどで大変貴重になっています。

「経木納豆は湿度もほどよく調整され、松脂の抗菌効果もあり衛生的です。酸素を通すので糸引きが強くなり、納豆独特のアンモニア臭も消してくれるんです」と話す村田滋さん。

経木に蒸した豆を詰め、発酵室で約18時間発酵させると納豆ができあがります。原材料は大豆と納豆菌だけ。容器が発酵容器を兼ねるシンプルな加工食品です。納豆メーカーはどこで他社との差をつけているのでしょうか。

「やはり、おいしい納豆を造るために大切なのは、原料の大豆へのこだわりです」。

長野県産の大豆にこだわって おいしくて安全な納豆を目指す

村田商店の創業は、戦後まもない昭和26年（1951年）。初代は祖父の村田兵衛さんでした。

「最初の商品は『一茶納豆』といい、江戸時代の長野の俳人、小林一茶の有名な句にちなんで名づけられました。地元で人気となり、造れば造っただけ売れたそうです」。

その後、食生活の変化とともに、味噌など伝統的な大豆加工品の消費量が下降する中、消費量を伸ばしたのが納豆です。これは、ナットウキナーゼ（納豆菌が産出する酵素）の発見で健康食品として注目されたため。以来、納豆は全国に広がり、価格競争の時代になります。その最中、平成8年（1996年）に3代目となったのが村田さんでした。

「当時は100円以下でないと売れない時代。一時は価格を下げて生産量を増やしましたが、それこそ寝る間もないほどで、量産は無理と痛感しました。うちにはうちの強みを見つけなくてはダメという答えと同時に、長野の大豆で勝負したいと思ったんです」。

そして1軒1軒、これはと思った大豆の生産者に会いに行きました。

「国産大豆の小粒品種は非常に貴重なんです。納豆メーカーくらいしか使わないし、納豆メーカーが使わなくなると廃れてしまう。これだ！という大豆の生産者さんには、買い付け量をきちんと保証すると約束し、契約栽培でお願いしてきました」。

現在、契約栽培の農家は6軒、足かけ10年以上かかったそうです。また、村田さんは原材料の安全性も重視しています。

「今は、農薬等の使用については、皆さん栽培記録を開示されていますので、こちらもそれを確認しながら進めています」。

また、遺伝子組み換え問題にもメーカーとしての姿勢を示しました。今も工場には、『遺伝子組み替え拒否工場』というプレートがかかっています。

「品質や安全性もさることながら、国産の原料を使う理由には種の遵守があるわけで、これからもこだわり続けていきたいです」。

そして、村田さんが積み上げた努力が大きな形となります。平成25年（2013

酸素をとり込みながらしっかりと発酵した「古今納豆」の経木を開けたところ。しっとりとしているのに弾力があり、混ぜれば力強い糸を引くのが特徴。

経木に蒸した大豆を詰める作業。大豆の蒸したては茶色いが、発酵が始まり10時間程で表面が白く変わっていく。

長野県産の中粒品種「なかせんなり」。色形ともにばらつきがなくキレイな大豆を仕入れている。

村田滋さん
（むらた しげる）
村田商店 代表取締役。大学卒業後、大手流通企業での職務経験を経て、平成2年（1990年）、家業に入り、平成8年（1996年）に3代目社長となる。地元長野産の大豆の契約栽培に力を入れ、独自の市場を確保。また、工場併設の直売所を開店するなど消費者との顔の見える関係性を構築、信頼性を重視した販売を行う。

地域のお客さんが直接買いに来てくれる場所をつくりたいと、平成25年（2013年）7月10日（ナットーの日）にオープンした直売所「おいしい納豆専門店 納豆の村田」。店内にはできたての納豆が並ぶ。「温玉なっとう」など、ここでしか買えない限定商品もあり人気だ。

年）、第18回目の全国納豆鑑評会で、最優秀賞である農林水産大臣賞に、村田商店の「道祖神納豆」が輝いたのです。大豆は、村田さんが出合ったときに「これだ！」と思った「なかせんなり」でした。

いまや、受賞歴のある納豆も多い村田商店。販路も県内に留まらず首都圏や海外へ広げています。しかし、販路の開拓において苦戦した時代もありました。そこで着目したのがドライ納豆。当時市場にあったのはパーム油などで揚げたものだけでした。

「納豆本来のおいしさがある商品を造りたいと思いました。そこで、フリーズドライの工場でテスト製造をくり返し、新しい食感のドライ納豆を造りました」

そして生まれた新しい食感の「どらいなっとう」。噛むごとに口の中に豆の味が広がり、糸を引く納豆らしさもあり、業界で話題となりました。

一筋縄でいかなかったからこそ、見えてくる景色がある

「納豆という商品は、パッケージの中に隠された食品です。国産大豆も輸入大豆も、食べてみなければわかりません。つまり、大切なのは造り手側の良心だと思うんです。それだけは、揺らがなかった自負があります。契約栽培にしてもドライ納豆にしても、人からはあえて遠まわりして険しい道のりを歩んでいるように見えるかもしれません。でも、一つの生きていく道としては、良かったのかなと思っています。今後も貫き通すしかないと思っています」。

納豆のように粘り強く、まるで一本の透き通ったきれいな糸が力強く引かれるような…。村田さんの言葉からはそんなイメージが連想されました。

「どらいなっとう」は、豆そのものはサラッとしていて、食べると最初はサクサク、次にうまみが口の中いっぱいに広がる。粘り感は納豆そのもの。

村田商店
長野県長野市若里1-4-8
https://muratashoten.com
オンラインショップ
https://shop.muratashoten.shop/

長野の寒い冬が育んだ、豊かでおいしい漬物文化

漬物工場 マルトウ

長野県のスーパーマーケットをのぞいてみると、青果や精肉、鮮魚といった定番コーナーに負けず劣らず充実しているのが漬物コーナーです。長野市の南端に位置する篠ノ井(しののい)で、1941年（昭和16年）に創業したマルトウは、そんな長野の食卓に並ぶ漬物を造り続けてきた、地元密着型の漬物メーカーです。代々続く家業を継いで、代表取締役になった久保廣範(くぼひろのり)さんに、長野県の漬物の魅力についてお話を伺いました。

電話での注文が相次ぐ、人気の期間限定漬物とは？

秋も終わりに差しかかる頃、漬物メーカー、マルトウの電話のベルはいつもより頻繁に鳴るそうです。

「この時期は、『地大根』のご注文のお電話をよくいただいています。12月頃から出荷する季節限定の漬物で、ありがたいことに毎年心待ちにされていらっしゃるお客様も多いんです」と話す久保廣範さん。

地大根とは、長野県・北信地域で多く採れる大根の品種だそうです。

「飯綱青大根(いいづなあおだいこん)といい、青首大根より小ぶりで、葉に近い上半分が濃い緑色で下半分が白い珍しい大根なんです。地大根の漬物は、炒りぬかで風味をつけてあり、パリパリとした食感と、独特のうまみが味わえるのが特徴ですね」。

「地大根」は、2012年の長野県漬物品評会で最高賞の農林水産大臣賞を受賞したそうです。他にもこの辺りでポピュラーな漬物といえば……。

「『丸茄子からし漬』ですね。水茄子に似ていますが、皮に厚みがあって、独特の食感なんです。あとは、『白うり粕漬』ですね。白瓜といっても緑っぽい色なので青瓜やつけ瓜ともいわれています。漬物にするとシャキシャキとしておいしいんですよ」。

北信地方に限らず、長野といえばやはり「野沢菜漬」が有名です。

「野沢菜漬は、ごはんのお供やお酒のアテにはもちろん、お茶受けの定番なんです。たとえば消防団などの地域の寄り合いでは必ず、大皿に山盛りになっています（笑）。また、いろいろな料理の具材としても使います。おにぎりやおやきの具はもちろん、発酵が進んで茶色くなった古漬けは、油炒めやてんぷらにぴったりです。また、チャーハンやパスタなどにも入れたりします」。

マルトウでは30種類以上の漬物を製造していますが、一口に漬物といっても野菜の葉物もあれば根茎もあり、漬ける調味料の種類（塩、しょうゆ、酢、味噌、ぬか、麹、酒粕）によって風味が違ってきます。漬け方も、漬け時間が短い浅漬けから数カ月間漬ける古漬け、また、たくあんのように、材料を天日で干してから漬けるものもあり、多種多様です。

「長野県全体でも漬物の種類は多く、地域によっていろいろな種類があります。冬が厳しい長野県では農作物は貴重品でしたから、野菜をおいしく食べる知恵が根づいているのだと思います。昔はどの家庭でも、夏や秋に採れた野菜に保存性を持たせるため漬物にして貯蔵し、冬場に食べていました。それがおいしいこともあり定着したのだと思います」。

長野県人の健康長寿の秘密は、漬物にあり!?

野菜は漬物にすると食感や風味が良くなり、食が進むイメージがあります。そんな漬物を造る上で欠かせないのが「塩」の存在です。

「漬物は浅漬けにしても古漬けにしても塩を使用するのが基本です。これは塩味をつけるだけでなく、野菜から水分を抜き、野菜のうまみを凝縮させるためなんです。最近は減塩が求められていますが、僕は、漬物は塩が足りないとおいしくな

信州味噌で漬けこんだ「胡瓜味噌漬」（左）と「茄子味噌漬」（右）

「地大根」（たくあん漬）は黄色から緑へと変化していく独特のグラデーションが美しい。

近隣の農家で栽培されている「飯綱青大根」。上部が緑色をしているのが特徴。

久保廣範さん
（くぼ ひろのり）
（株）マルトウ代表取締役。2級漬物製造管理士。1981年生まれ。東京経済大学卒業。2007年入社、2024年代表取締役就任。上の写真は工場で働く皆さんとともに。

左より時計回りに：「野沢菜漬」、「丸茄子からし漬」、「なま酢」、「白うり粕漬」、「信州産胡瓜みそ漬」、「信州産茄子みそ漬」。商品の電話注文も受け付けている。

らないと思っているんです。それに品質を保持するためにも塩は大切です。塩の代わりに塩化カリウムを使ったり、塩分を下げた分、酸味料や糖で日持ちを上げたりするやり方もあるのですが、そういう造り方には抵抗感がありますね」。

最近は漬物への認識が変わりつつあります。農林水産省が推進する「野菜を食べようプロジェクト」では不足しがちな野菜を、漬物で摂ることを推奨しているのです。

「漬物の良いところは生で野菜を食べるよりも、漬け込んである分、たくさんの量の野菜を食べられる点です。漬物にしても栄養成分が減ることはほぼありませんし、現代人に足りない食物繊維も豊富なんです」。

単に塩分を減らすのではなく、塩分も体に必要な栄養素だということを理解し、それをどう日々の食事に摂り入れていくか、栄養のバランス感覚が大切なのかもしれません。

現代人の野菜不足の救世主として、徐々に注目が集まりつつある漬物。そのまま食べてもよし、いろいろな料理の具として活用してもよし。上手に毎日の食卓に摂り入れていきたいですね。

野沢菜の浅漬は洗浄した野沢菜を塩に漬けてから、調味液と一緒に袋詰めにする。野沢菜は、葉の部分が1m近くある。

マルトウの野沢菜漬（左より野沢菜漬／本造り野沢菜漬／野沢菜漬わさび風味）。

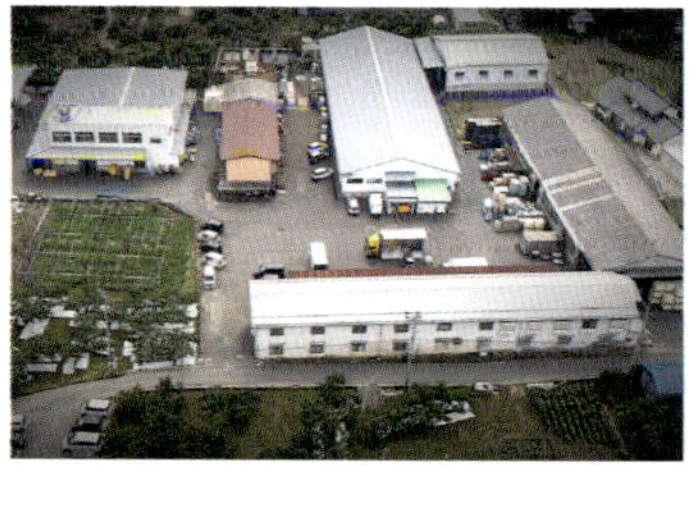

マルトウ
長野県長野市篠ノ井小森1241
http://marutou-shinshu.jp/

世界も称賛した、長野発のナチュラルチーズ

チーズ工房　アトリエ・ド・フロマージュ

長野県東信地方にある東御（とうみ）市。標高900mにもなる、浅間山麓の南斜面にあるのがチーズ工房のアトリエ・ド・フロマージュです。1982年に創業し、ナチュラルチーズの製造をいち早く手がけたことでも有名です。その品質の良さとおいしさでファンが多く、中でもブルーチーズは国内外のコンテストで高い評価を受けた逸品。その製作を手がけた、チーズ製造・熟成責任者の塩川和史（しおかわかずし）さんにお話を伺いました。

日本人に好まれる、今までにないブルーチーズを

東御市内の酪農を営む家に生まれたという塩川和史さん。実家から徒歩圏内にあったのがアトリエ・ド・フロマージュでした。

「創業者の松岡夫妻のこともよく知っていました。松岡夫妻は、僕にとってはチーズ工房の創業者というより、ご近所のおじちゃん、おばちゃんみたいな存在でした」。

そんな塩川さんは、1996年、併設のレストラン（リストランテ フォルマッジオ／現在は閉店）オープン時、アルバイトとして厨房に入ります。

「仕事をしながら海外のチーズを味見する機会も多く、自分も興味があったので、いろいろなチーズを食べることができました。僕は特に青カビタイプが好きで、最も印象に残ったのがイタリアのゴルゴンゾーラ。食べたときは衝撃を受けました」。

塩川さんがチーズ製造スタッフとして、正式に入社したのは、それから約7年経った2007年。当時はまだチーズ工房数も全国で106軒（現在は約350軒）ほどだったそうです。海外のチーズの味を熟知していた塩川さんは当時、一つ一つの商品の見直しを考えました。中でもブルーチーズの改良は必須で、「新たなブルーチーズを造る」という目標を立てました。

「日本に輸入されているブルーチーズの中で一番売れていたのが、ゴルゴンゾーラのクリーミィタイプの『ドルチェ』でした。日本人は青カビの刺激が苦手なので、滑らかで甘さもあって、青カビの刺激を感じさせないようにするにはどうすれば良いかを考えたんです」。

ブルーチーズの主な原料は、ミルク、乳酸菌、塩、青カビです。まずは、これらの原料とその配合、使い方などを一から組み立て直してみることから始めたそうです。

「ミルクに関しては脂肪分の多いジャージー種にホルスタイン種を加えてバランスを何通りも試しました。青カビの刺激を感じさせないためには、いかにミルクの脂肪分を逃がさないかが肝でした。ブルーチーズは成型後、金串で空気穴を開けて青カビの成長を促進させるのですが、脂肪分が細かく分解されるよう調整しました。あの頃は365日のうち350日は工房にいたような気がします（笑）」。

なめらかで口どけが良く、濃厚なミルクのコクやうまみと青カビが混ざり合い、口の中いっぱいにおいしさが広がる……そんなブルーチーズが完成したのは、取り組み出して1年半以上経った2013年のこと。その翌年に開催されたジャパン チーズアワード 2014ではグランプリを受賞、さらに2015年に開催されたモンディアル・デュ・フロマージュの国際コンクールでは最高賞のSUPER GOLDを受賞したのです。

「創業者は『100チャレンジして一つ成功すればいい』と常々いっていました。ゼロからのスタートだったので、きっとたくさんの挑戦と失敗を経験したはず。先輩たちも同じだったと思います。でもその蓄積があったからこそ、僕が同じ失敗をすることなく、新しい挑戦ができたんです。そのこ

ブルーチーズを型に入れたところ。成型後、青カビの成長を促進させるため、複数の空気穴を開ける。その絶妙なバランスによって、ブルーチーズの口どけやコクのある味わいが生まれる。

（左上より時計回りに）：カマンブルー（白カビ熟成のカマンベールと青カビ熟成のブルーチーズ、2つの性質の違うチーズが合わさった逸品）／湯の丸高原 山のチーズ（フランスの農家が自分たちのために造るチーズをイメージして造られた、やさしい味わいのチーズ）／翡翠（ひすい・緑がかった青カビとなめらかな口どけが特徴のブルーチーズ）／ココン（3種の生乳をブレンドして造られた酵母系熟成タイプのクリーミィなチーズ）

塩川和史さん
（しおがわ かずし）
チーズ製造・熟成責任者。東御市出身。祖父は酪農家。2007年にチーズの製造スタッフとして入社。自ら開発したブルーチーズが2014年「ジャパン チーズ アワード」でグランプリ受賞、2021年にはブルーチーズ「雷鳴」が「ワールド チーズ アワード」にてトップ16に輝く。

とに感謝するとともに、弊社が歩んできた歴史は本当に大きなものなのだと感じました」。

その土地ならではのチーズを表現することが我々のあるべき姿

本店併設のカフェ。窓が大きく心地よい空間。

カフェで人気のメニュー「自家製ブルーチーズのクワトロフォルマッジ」（右）と「季節野菜の焼チーズカレー」（左）。

ショーケースにはたくさんのチーズが並び、スイーツ、ピザ、ヨーグルトなども揃う。ブルーチーズ目当てのお客さんも後を絶たない。

塩川さんのブルーチーズへの挑戦は、その評価において、海外のチーズと肩を並べるところまで上り詰めたといえます。

「オリジナルを追求した結果、答えが見えたのだと思います。チーズの本場フランスでは『村の数だけチーズがある』といわれるほど多種多様なチーズがあり、その数は約１３００種類にのぼります。チーズはワイン同様、その土地の気候、風土などを表すもの。僕らがフランスを見習うとすれば、その文化の根本となる考え方を見習うべきだと感じます。日本でのチーズ造りはどうすべきかといえば、やはりその地域で飼われている牛のミルクの良さを最大限に生かすことです。長野県は山間地だし牧場もそれほど広くできません。広くて自由に放牧できる北海道に比べるとミルクの質は勝てないです。でも、冷涼な気候なので牛が元気に暮らせるんですね。乾燥しているから変な雑菌も少ないです。

今、長野では、南北に長い地形の中、いい具合に工房が散らばっていて、それぞれに個性的なチーズを造っています。最近のコンテストでは長野のチーズが上位に来ていますね。長野が強い要因は発酵食品に強いこともあります。北海道のミルクが１００点なら長野は90点かもしれない。でも造り手の努力と技術で90点を維持できれば絶対に強いと思うんです。その土地の気候や風土を活かし、ミルクの良さを１００％出すこと。このことはチーズ職人でいる限り、ずっと大切にしていきたいです」。

アトリエ・ド・フロマージュ
東御本店（ショップ）
長野県東御市新張504-6
https://www.a-fromage.co.jp/
※店舗リニューアルに伴い東御本店カフェは一時休業 ショップリニューアルオープンは、2025年1月3日を予定しております。
※2025年4月には「森のチーズテラス レストラン」がリニューアルオープン

<大町市>

創舎 わちがい

アンティーク家具のインテリアが目を惹く。歴史ある古民家で味わう郷土料理

室町時代から大町に居を構える栗林家の邸宅として、近年まで代々住まわれていた江戸末期建築の趣あるお屋敷に足を踏み入れると、明治・大正時代にタイムスリップしたような非日常的な空間が広がる「**創舎 わちがい**」。和室と洋間には、至るところにアンティークな家具や小物が置かれており、これらは栗林家の倉庫に眠っていた大変貴重な物だそう。美術短大出身の工芸作家であったオーナー・渡邉充子さんの手によって、センス良く配置されています。

1,2）床の間に黒電話とヨーロピアンなランプが並ぶ…この雰囲気に思わずうっとり。

3）ご膳はすべて事前予約のみ。こちらは「茂吉膳」（季節によって小鉢の内容は異なります）。

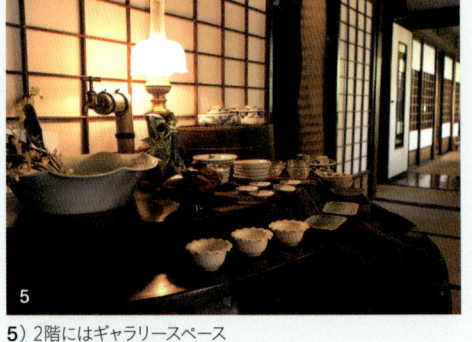

5）2階にはギャラリースペースも。オーナーの「地元のアーティストを応援したい」という思いのもと、オブジェやインテリア小物、洋服やアクセサリーなどを随時展示・販売。

4）お料理をいただく部屋はそれぞれ趣が異なる。ロマンあふれるアンティーク家具にも魅かれる。

いただけるお料理は、すべて地元の食材を使った大町市の郷土料理。自家製の無農薬野菜をふんだんに使った、体に優しいメニューが多いのが特徴。

季節によって変わる小鉢と、濃厚な味わいのおぼろ豆腐、地粉を使ったオリジナルの生細麺**「わちがい ざざ」**（信州では、うどんやそばなど麺類を総称して「ざざ」と呼ぶそう）はぜひ味わっていただきたい。

さらに館内には、古文書や歌人・斎藤茂吉の作品なども飾ってあり、歴史好き・文学好きは必見。

おいしい料理に舌鼓を打ちながら、ゆっくりと時間が流れる憩いの空間をどうぞ堪能してください。

創舎 わちがい
長野県大町市上仲町4084
営業時間:10：00～16：00（15：30 L.O.）
※終日予約制
定休日:毎月第4月曜・毎週火曜日
https://www.wachigai.com

長野の食材を
堪能できる
注目の
宿&
お食事処

<松本市>

松本十帖

長野県のローカル・ガストロノミー 新しい発酵に出合う

松本市街地から車で約10分のところにある浅間温泉。1686年（貞享3年）創業の歴史を持つ老舗旅館「小柳」を再生させるプロジェクトの名前が「**松本十帖**」です。

「十帖とは、『10の物語』という意味です。ホテルだけに留まるのではなく、温泉街を回遊しながら地域の魅力を知っていただく。エリアリノベーションも目指して、空き家活用のカフェなども展開しています」。

例えば、チェックインは宿から少し離れた街の入口にあるカフェで行い、その後ホテルに向かって歩くことで、街全体のレトロな雰

1）乳酸発酵させた薄切りのじゃがいもをフライにして添えた「スイートコーン　発酵じゃがいも」。　2）「三六七」の最大の特徴とも言える薪でグリルした「黒毛和牛の熟成肉の薪火焼き」。自家製のザワークラウトをピューレにし、黒にんにくのソースに深みを出している。　3）旅館「小柳」時代の植栽を生かした、「松本本箱」のエントランス。　4）カウンターの奥に薪を燃やす炉があり、薪の良い香りが1日を通して漂う「三六七」。

5）自家製のシードルのほか、朝食メニューで人気の味噌味のグラノーラなどのオリジナル商品は、「小柳」入口の「浅間温泉商店」で購入もできます。 **6**）在来種を自然栽培している農家から届けられるフレッシュな地産の野菜。 **7**）味噌味のオリジナルグラノーラ。セレクトショップには地元の商品はもちろん、日本各地の雑貨や食品も揃う。

囲気を味わえる仕掛けになっています。

敷地内の宿泊施設は2棟あり、手前に立つ「**松本本箱**」を入ると目の前に広がるのが、薪火グリルダイニング「**三六七**」です。

「イタリアで料理を学んでいたときに出合ったのが、地域の風土、歴史、文化を料理に表現する『ローカル・ガストロノミー』の考え方でした。松本十帖でも、信州の文化と歴史までも感じていただけるような料理をご提供しています。生産者の皆さんが届けてくださる野菜を手にしながら、長野の伝統食材と組み合わせたり、調理方法を考えたりと、メニュー開発も楽しんでいます」とヘッドシェフの石川大さん。

「最近では自分たちでも、味噌作りをしたり、地元の果物で果実酒を作ったりと、いろいろな発酵食品に挑戦しています」。

なかでも力を入れているのが、シードル。蔵を改装した「**信州発酵研究所**」で、地元の減農薬で栽培されたリンゴを使い、二次発酵させたシードルは、生き生きとした酵母の風味豊かなオトナな味わい。ぜひ食事と合わせて楽しみたいですね。

8,9）温泉街の入口、中央通りにあるカフェ「おやきと、コーヒー」で、おいしいコーヒーともちもちした手作りおやきをいただきながらチェックイン。

松本十帖
長野県松本市浅間温泉3丁目15-17（レセプション）
https://matsumotojujo.com/

長野の食材を
堪能できる

注目の宿&お食事処

＜大町市＞

山品

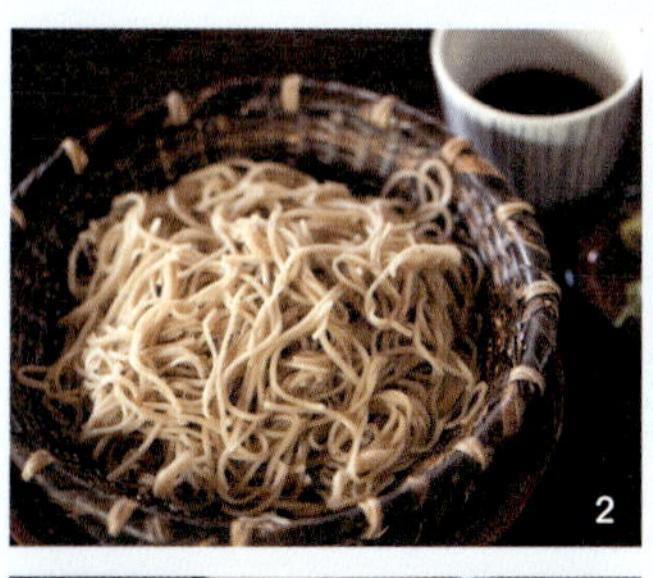

1）定番メニューのもりそば。 2）そばの風味をしっかりと味わいたい方には「十割そば」も人気。数量限定販売なので問い合わせが必要。 3）名物の「うす焼き」は昔からおやつとして食べられていた郷土料理。そば粉の生地に甘めの味噌を塗ってねぎを散らした一品はモチッとした食感でおいしい。 4）信州の郷土料理で、昭和天皇が好んで召し上がっていたといわれる「蜂の子」「イナゴの佃煮」も楽しめる。

長野に来たら信州そば。地粉を使った手打ちそばを名物料理とともに

JR大糸線・信濃大町駅から車で約20分。民宿を改装してできたという趣のある一軒家「山品（やましな）」は、手打ちの信州そばを味わえる創業50年以上の老舗そば店です。

店内はお座敷で、昔懐かしいアットホームな雰囲気。女将の竹折房子さん曰く、人気メニューは「**もりそば**」と「**うす焼き**」。

もりそばは、自家栽培したそばの実も含まれる石臼挽きした地粉を、山から流れる清水で打った香り高い手打ちそばです。「この辺りは高冷地で火山灰土。そのため野菜とおそばはおいしく育つんですよ」。

人気店のため、そばは売り切れ次第終了。お昼過ぎに訪れる際は電話で確認してからの来店をおすすめします。

山品
長野県大町市美麻14658
営業時間:11：00～売り切れ次第（14：30以降は要電話確認）
定休日:金曜日

＜長野市＞

信州くらうど

信州の酒、発酵食品を角打ちスタイルで。長野駅構内の憩いの場

長野駅構内にあるお土産売り場「信州おみやげ参道ＯＲＡＨＯ」の一角にある「**信州くらうど**」。北陸新幹線開業と同時にオープンし、信州の日本酒やワイン、長野県の名物おつまみがそろいます。販売しているお酒は、「唎酒師（ききさけし）」の資格を持つ店長の松下昌靖（まつしたまさよし）さんが信州の酒蔵やワイナリーへみずから足を運んで仕入れた物だとか。

「日本酒はもちろん、特に最近は信州ワインがすごく盛り上がっています。また、信州はリンゴの生産地としても有名ですが、リンゴを発酵させて造るシードルにも今注目が集まっています。当店でぜひ試していただきたいですね」。

店内には立ち飲みができる「醗酵バー」があり、長野県の発酵食を酒の肴として気軽に味わえるとあって、国内外からの観光客やビジネスパーソンなど多くの方が、新幹線の待ち時間に訪れています。

1）店内には300種類以上の日本酒が並ぶ。甘酒やしょうゆなどの種類も豊富。 2）おつまみ1品がついた「大吟醸セット」。この日は、長野銘醸「姨捨正宗 純米大吟醸」、田中屋酒造店「水尾 純米大吟醸」、土屋酒造店「亀の海 大吟醸」、おつまみは「地大根の味噌漬け」でした。 3）フードメニューは、信州で作られたチーズや漬物、酢の物、そして味つけ凍み豆腐やおたぐり（馬のもつ煮）といった郷土料理も堪能できます。カフェも併設しているので、お酒が飲めない方や子ども連れの方でも楽しめます。

信州くらうど
長野県長野市南千歳1-22-6 MIDORI長野2F
営業時間:9：00〜20：00（Barの営業時間は10：00〜L.O.19：30）
定休日:MIDORIの休館日に準ずる
https://www.eki-midori.com/nagano/shop-list/shop/kuraudo/

おうちで味わう「発酵食レシピ」

漬け汁ごと味わい尽くす、上島亜紀さんの「水キムチ」

料理家・
フードコーディネーター
上島亜紀さん
（かみしま・あき）
自宅にて「A's Table」を主宰。食育アドバイザーやジュニア・アスリートフードマイスターの資格も取得。手軽な家庭料理からおもてなし料理、パンやスイーツまでと幅広い分野のレシピが女性誌や書籍などで作りやすいと好評。近著に『「また作って！」と言われる おかわりおかず』（池田書店）。『電気圧力鍋で朝ラクラク弁当』（主婦の友社）など。 https://www.instagram.com/kamisimaaki/

栄養豊富でみずみずしく、甘みがあって、生食にも適したものが多い、春の野菜。カラフルな色合いも、食卓に元気を運んでくれます。そんなさまざまな春野菜を使って、料理家・フードコーディネーターの上島亜紀さんに、よく作るという水キムチのレシピとお気に入りの発酵食品について教えていただきました。

〝ぬか漬け感覚〟で作れる水キムチに開眼

年々、辛いものが苦手になってきたという上島さん。旅先の大阪・鶴橋のコリアンタウンで水キムチと出合って以来、そのおいしさにハマったそうです。「辛みもなくて食べやすく、さまざまな種類の野菜もとれ、和洋中何にでも合うのが魅力です。韓国の友人に教わって作るようになりましたが、生で食べられる野菜は何でも漬けられて、ぬか漬けと同じような感覚で作れますよ」。

また、体を整えてくれるという実感も。「水キムチは、乳酸菌の量が唐辛子のキムチよりもかなり豊富だそうで、ダイエットをしたいときや体調が傾いたときなどによく作ります」。

水キムチをおいしく作るためには？

上島さんの水キムチ作りに欠かせないのは、発酵を促し、うまみのもとになる、アミの塩辛。「韓国の友人も『これがないと、本場の味にならない』と言うんです。冷凍のものだと手軽に使えます」。さらにうまみを加えるために、刻み昆布もポイントだそう。

また、乳酸発酵のお助け役としてデンプン質ののりを加えるのが水キムチの特徴ですが、「米粉を使えば手軽ですよ。ほかの料理やスイーツにも使えるので、ムダにもなりません」

漬ける野菜は、旬のものが一番。「春キャベツと大根をベースにしたレシピですが、今回使ったセロリ、うずまきビーツ、新にんじん、ほかにもかぶなど、好みで加えて、旬の彩りを楽しんでみてください」。

子育てとともにさまざまな発酵食品作りに夢中に

子育てを期にOLをやめ、食の世界に足を踏み入れたという上島さん。体を思い、食を大切にしたお母様の影響が大きかったそうです。家でおいしいもの、体に良いものが食べたくて、発酵食品も手作りを、と始めたのが味噌作りでした。

さらに、ヨーグルト、甘麹、発酵あんこ、ぬか漬け、キムチ、水キムチとさまざまな発酵食品作りに夢中になったという上島さん。

最近よく作るのは、発酵あんこ。「昨年の夏から始めたダイエットのためにジム通いをしていて、食事制限も課されます。でも甘いものを制限するとリバウンドしがちで。発酵あんこを作って凍らせて、大好きな小豆バー代わりにすることにしました。麹の力で、結構甘くておいしいです」。

塩糀の〝無限の可能性〟に改めて注目

さまざまな発酵食品を作り、使った中で、調味料としての優秀さを特に実感しているのが、塩糀。「砂糖やみりんを加えなくても、塩糀一つでおいしく仕上がります。和洋中幅広く使えるのが魅力です。また、肉や魚を漬け込むとふっくらとしてうまみも増しますし、ツヤっとした焼き上がりになりますね」。

また、塩糀に含まれる酵素を意識的にとるようにしているそうです。「オリーブオイルやハーブなどを加えてトマトのカプレーゼなどのドレッシングにしたり、すった山芋に加えて鍋料理のトッピングにしたりします」。

発酵あんこは小分けにして冷凍し、そのままアイスバー代わりに。

味噌は隔年で手作り。1kgごとに冷凍保存。「風味がフレッシュなまま保てると、味噌蔵の方に教えてもらいました。塩分が多いので固まらず、使いやすいですよ」。

春野菜の水キムチ

手前中央の薄ピンクの食材が、アミの塩辛。ベースになるキャベツと大根以外の漬け野菜は、生食に向くものなら、お好みで。

5 野菜やアミの塩辛などのエキスを厚手のキッチンペーパーでこし、水、**3**を加えて漬け汁に。

ベースとなる野菜から漬け汁に加える

6 アミの塩辛のほかに、昆布でさらにうまみを加えるのがポイント。刻み昆布なら、具としても食べやすい。

食べごろは、3〜4日目。「さわやかな酸味のいい香りで判断するようにもしています。日が経つにつれて発酵が進むので、できるだけ、1週間くらいで食べきりましょう」（上島さん）。

水キムチ

[材料]（作りやすい分量）

春キャベツ …… 1/4株(250g)
大根 …… 1/6本(200g)
好みの漬け野菜 …… 300〜400g
（セロリ、うずまきビーツ、新にんじんなど）

A
米粉 …… 大さじ1
水 …… 100ml

B
大根 …… 1/8本(150g)
りんご …… 1/2個(100g)
セロリ …… 1本(100g)
玉ねぎ …… 1/2個(100g)
にんにく …… 1かけ
しょうが …… 1/2かけ
アミの塩辛 …… 20g
水 …… 100ml
砂糖 …… 大さじ1と1/2
塩 …… 大さじ1

刻み昆布 …… 3g

[作り方]

1　キャベツは一口大にちぎり、大根は3㎜幅のいちょう切りにする。塩小さじ1(分量外)であえ、30分ほどおく。

2　漬け野菜は食べやすい大きさに切る。

3　耐熱ボウルに**A**を入れて米粉を溶き、ラップをかけずに電子レンジで1分30秒ほど加熱し、よく混ぜてのり状にする。

4　**B**の大根とりんごはきれいに洗って皮ごと5㎜厚さのいちょう切りに、セロリは斜め薄切りに、玉ねぎは薄切りに、にんにくは芽があったら取り除いて薄切りに、しょうがは薄切りにする。**B**の残りの材料と一緒にフードプロセッサーに入れ、液状になるまで攪拌し、水400ml(分量外)を加える。

5　厚手のキッチンペーパーで**4**をこしてボウルに入れ、水400ml(分量外)、**3**、**1**、**2**の順に加えて、保存容器に入れる。

6　**5**に刻み昆布を加え、容器の口をしっかりと閉じる。

7　常温で一晩(冬は二晩くらい)おいてから、冷蔵庫で保存する。

「水キムチ」をおいしく、余すところなく食べるには？

水キムチの漬け汁は、乳酸菌などの栄養が豊富でおいしいので、ぜひ汁ごと味わってほしいと上島さん。

「温かい雑穀米ごはんに汁ごとかけて、お茶漬け感覚で食べたりします。また夜に口さみしいときに、漬け汁をお湯で割って飲むとおなかが落ち着きます。漬け汁も1週間ぐらいで劣化してしまうので、残りそうなときには早めに冷凍保存するそう。「少しも無駄にせず、おいしく食べきりたい気持ちが強いですね」。

塩糀&米酢で手軽に作りおき。吉田愛さんの「和風ザワークラウト」

料理家・唎酒師
吉田 愛さん
（よしだ・あい）

料理家のアシスタントを経て、東京と京都の日本料理店で和食を学び、独立。和食を中心としたレシピを紹介し、雑誌や書籍、テレビなどで活躍。日本酒好きで、お酒と料理のペアリングの提案や、酒蔵とのイベントなども行う。著書に『"だし"を使わなくてもおいしい煮もの』（主婦と生活社）など。
https://www.instagram.com/ai2ueo/

みずみずしくやわらかで甘みのある春キャベツ。つい1玉買ったけれど、どうやって使いきろう……、なんて悩むことはありませんか？
料理家の吉田 愛さんに、塩糀と米酢であえれば簡単にできる「和風ザワークラウト」をアレンジレシピとともに教えていただきます。

塩糀の力で春キャベツの甘みを存分に楽しむ

本場のザワークラウトは、キャベツを塩で漬け込んで乳酸発酵させますが、吉田さんが紹介してくれたのは、塩糀と米酢を使って即席で作れるタイプです。

「乳酸発酵のものよりも酸味がやわらかなので、そのままでも食べやすいんです。塩糀を加えることで春キャベツの甘みがさらに引き立ちますし、まろやかなうまみも生まれます」

思い立ったら手軽に作りおきできるだけでなく、キャベツのかさがぐっと減るのもいいところ。「量をたくさん食べられますし、まるごとのキャベツを手に入れたときにも消費しやすくて、おすすめですよ」。

「和風ザワークラウト」をおいしく仕上げるには

30分もおけばしんなりとして食べられますが、一晩おくことをおすすめしているそう。

「米酢は加熱せずに加えるので、作った直後は酢のツンとした酸味がどうしても立ちやすくなります。一晩おくと酸味も落ち着き、全体の味のなじみもよくなるんです」。

食べ頃のものは、絶妙な酸味とうまみで箸がどんどん進みます。余分な水気が抜けているので、キャベツのほどよい歯ごたえも楽しめます。

「赤唐辛子の辛みは味をひきしめてくれます。キャラウェイシードやローリエを入れると、より本格的な味わいになりますよ」。

使い道いろいろ。アレンジの幅広さも魅力

「シンプルな味つけだから洋風のアレンジにも向きます。サラダやスープにはもちろん、卵を混ぜてオムレツにしたり、サンドイッチの具にしたりしてもぴったりです」。

「和風ザワークラウト」を使ったホットサンドを作ってくれた吉田さん。加熱することで、キャベツの甘みとうまみがさらに凝縮して、たまらないおいしさです。「キャベツの汁気をしっかりきってから挟んでくださいね」。

旬の野菜のおいしさを引き出す「甘酢漬け」

吉田さんがよく作るものとしてもう一つ挙げてくれたのが、旬の野菜を用いた「甘酢漬け」です。

「おひたしにするよりも日持ちがしますし、新しょうがやごぼう、菊の花など一部の野菜はきれいな色をキープできる利点も。冷蔵庫にあると、副菜が1品増えて助かります」。

甘酢の配合も、酸味がキツくならないように、酢を少なめにするのが好みだそう。「水1/2カップに対し、酢大さじ4、砂糖大さじ3、塩小さじ1/4を基本にしています。そのほか、唐辛子を加えたり、春の時季は桜の塩漬けを足してみたりして、自分好みにアレンジするのも楽しいですね」。

使う米酢の種類を使い分け

『和風ザワークラウト』のように生のまま加える場合には、京都・村山造酢の『千鳥酢』を使っています」。

「千鳥酢」は米と酒粕を使い、昔ながらの製法で造られた上品な味わいの米酢。「風味の良さと、煮きらなくてもかどのない、まろやかな酸味が魅力です」。

スナップえんどうに赤唐辛子の小口切りで辛みを（左）、かぶに昆布でうまみを（右）加えた2つの甘酢漬け。
酸味がやわらかく、野菜の持ち味を引き立てるので、サラダ感覚でモリモリ食べられるのがうれしい。

左のような一般的な米酢と、右の「千鳥酢」を料理によって使い分けています。

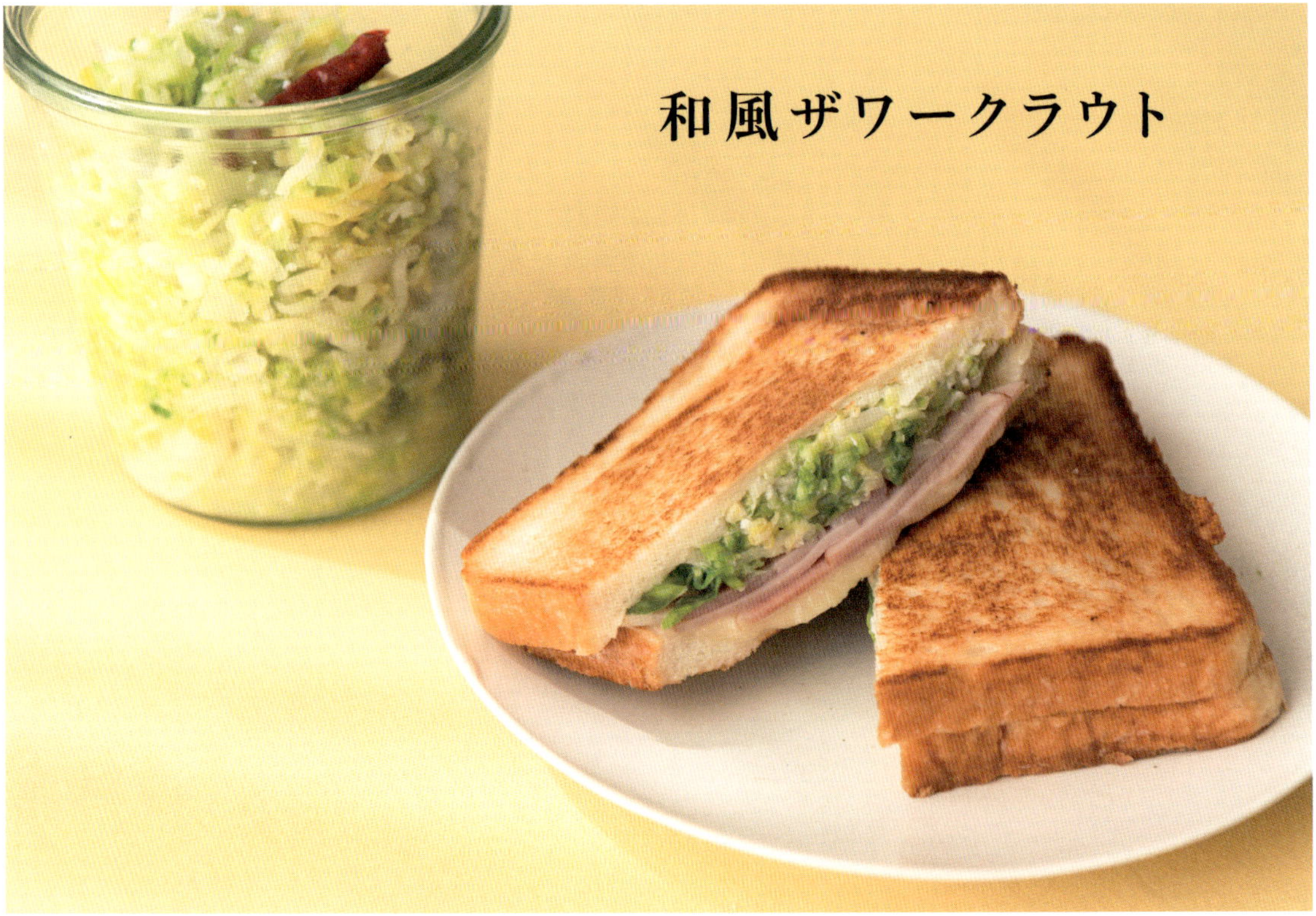

和風ザワークラウト

［材料］（作りやすい分量）

春キャベツ …… 1/2個（500g）

塩 …… 小さじ1弱

A　塩糀（マルコメ）・米酢 …… 各大さじ3
　　赤唐辛子（へたと種を除く）…… 1本分

［作り方］

1　キャベツはせん切りにする。ボウルに入れて塩を振ってよくもみ、10分ほどおいてから水気をギュッと絞り、水分を捨てる。

2　1にAを加えて混ぜ合わせる。

3　保存容器に3、赤唐辛子を入れて保存する。

1 塩でもんでしんなりさせると、春キャベツからたくさんの水気が出る。「しっかり絞ると、キャベツ特有の臭みも抜けて、食べやすくなります」

2 加熱せずに混ぜ合わせるだけなので、塩糀の酵素も残ったまま。「塩糀は魚や肉を漬けるとふっくらとやわらかくなりますし、うまみを足せるので、他の料理でもよく使っています」

3 保存瓶やジッパーつきの保存袋などに入れて、冷蔵で3〜4日ほど保存可能。

アレンジレシピ　和風ザワークラウトとハムのホットサンド

［材料と作り方］（1人分）

1　食パン（8枚切り）1枚の片面にマヨネーズ大さじ1、からし小さじ1/2を混ぜて塗り、もう1枚にピザ用チーズ30g、ハム2枚、「和風ザワークラウト」60gの順でのせ、挟む。

2　フライパンを中弱火にかけ、バター5gをとかしてパンの片面をこんがりと焼き、さらにバター5gをとかしてパンの上下を返し、もう片面もこんがりと焼く。途中、木べらなどでパンを押さえながら焼くと良い。

旬の魚がしっとり、ふっくら。漬けるだけでおいしくなる、市瀬悦子さんの「味噌漬け」

料理研究家
市瀬悦子さん
（いちせ・えつこ）
身近な食材でできる、作りやすいアイデア満載のおいしい家庭料理レシピが人気。書籍や雑誌、テレビなどで活躍。著書に『食材2つで大満足弁当』（主婦の友社）、『炊き込みベジごはん』（主婦と生活社）など、多数。
https://www.e-ichise.com

忙しい平日でも、旬の魚のおいしさを堪能したいですね。手軽に魚を楽しめる方法として、料理研究家の市瀬悦子さんが提案してくれたのが、「味噌漬け焼き」。お気に入りの発酵調味料「ナンプラー」についても教えていただきました。

漬けて焼くだけで絶品、お店の味に！

旬の魚が安く手に入ったり、料理の仕事で余ったりしたときには、魚を味噌漬けにしているという、市瀬さん。前日に漬けておいて焼くだけと簡単なのに、確実においしく仕上がるのがすごい、といいます。

「味噌とみりんで作った味噌だれに漬けるだけで、パサつきがちな魚がふっくら、しっとりと仕上がります。余計な水分も抜けて魚のうまみが凝縮し、味噌だれの風味や香ばしさが加わって、塩焼きとはまったく違う魚のおいしさが楽しめます。冷めてもおいしいので、お弁当のおかずにもぴったりですよ」。

市瀬さんが作る「味噌漬け」は、味噌床は不要。漬けるたびごとに味噌だれを少量作り、魚の表面に塗り広げてラップに包んで漬けます。「味噌をたくさん使わずにすみ、手軽にできるのもいいですよね」。

今回は、春から初夏にかけて旬を迎える、淡白な白身魚「さわら」を使いました。「味噌漬け焼きは、魚の種類をあまり選ばないのも魅力。旬の魚やおなじみのさば、鮭、たらなど、いろいろ楽しんでみてください」。

味噌だれは表面にまとうぐらいの分量。「生の魚を漬けた後の味噌だれは、魚から水分や臭みが出たりしているので、再利用はしません」。

「魚の味噌漬け焼き」を焦がさずに上手に焼くコツは？

シンプルな手順でできる「味噌漬け焼き」ですが、焼くときの焦げつきには注意が必要です。焼いている間にふと目を離したら、真っ黒になってしまった、なんてことも。

「焦げの原因は、味噌だれです。まず、焼く前に味噌だれを魚からしっかりこそげとりましょう。残ると、焦げやすくなります」。

焼くときは、こびりつかないテフロン加工のフライパンを使い、火加減にも気をつけます。「片面は弱めの中火でこんがりするまで焼き、裏返したらもう片面はごく弱火にして、火が通るまでじっくり焼くと上手に焼き上がります」。

市瀬さんおすすめの「バランス ナンプラー ゴールド」。新鮮な魚を塩漬けにし、24カ月間、じっくりと熟成させ、上澄みだけを使用。「豚しゃぶなどをゆでた後に、少し振りかけるだけで風味がよく、おいしくなります」。

市瀬さんが普段よく使う味噌は、信州味噌。

「コクがあって、濃いめの色とバランスのとれた味が気に入っている」という

味噌を変えたり風味を添えて味噌だれもアレンジ

「西京味噌を使って漬けても、上品でおいしいですよね。西京味噌は一般的な味噌よりも塩分量が少ないので、先に魚に塩を少し多めに振っておくと、ちょうどいい塩梅になります」。

また、味噌にプラスアルファの風味を足すのもおすすめ、と市瀬さん。

「しょうがのすりおろしや、お子さんの人気も高いにんにくのすりおろしを加えたり、豆板醤で辛みを加えたり、コチュジャンを混ぜて韓国風の味わいにしたりしてもいいですね」。

マンネリ防止に！　もっと手軽に使いたい、ナンプラー

市瀬さんに好きな発酵食品を聞くと、「ナンプラー」という答えが。タイ料理に欠かせない魚醤で、カタクチイワシなどの生の魚を塩で漬け込み醗酵させた、うまみの強い調味料。

「炒め物はもちろん、チャーハンや炊き込みごはんの味つけに少し加えると、とてもおいしいです。加熱するとナンプラー独特の香りがやわらいで、うまみが残ります」。

味噌漬け

さわらの味噌漬け焼き

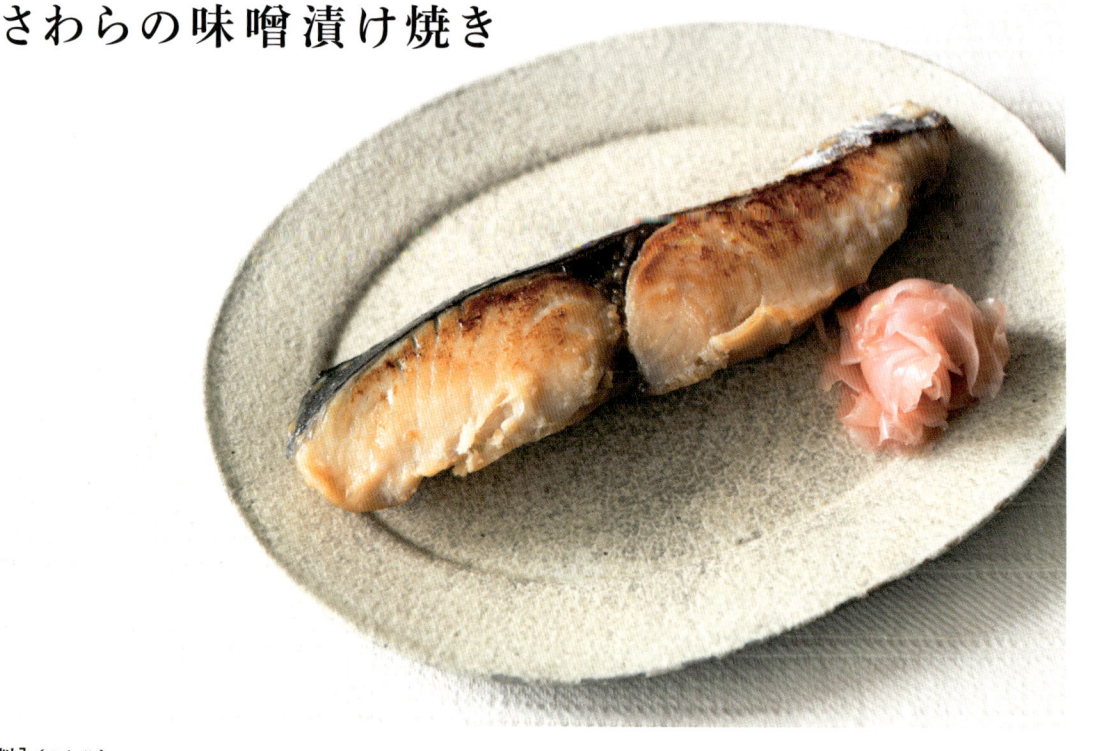

[材料]（2人分）

さわら（切り身）…… 2切れ(200g)
塩 …… 少々
〈味噌だれ〉
味噌 …… 大さじ3
みりん …… 大さじ1
サラダ油 …… 大さじ1/2

市瀬さんがよく使う味噌は、コクのある、国産の大豆や米を使った、信州・武田味噌の「銘醸」。

[作り方]

漬ける

1 味噌だれの材料を混ぜる。

2 さわらは塩を振って5分ほどおき、出てきた水けをキッチンペーパーでおさえる。

3 30×40cmほどのラップに、**1**の半量をさわら2切れ分ほどの大きさに塗り広げる。**2**をのせ、上面に残りの味噌だれを塗る。

4 ラップでぴったりと包み、バットなどにのせ、冷蔵庫で一晩漬ける。

焼く

5 ラップを開け、さわらについた味噌だれをゴムべらなどでこそげとる。

6 フライパンにサラダ油を中弱火で熱し、**5**のさわらを皮目から入れ、2分ほど焼いてこんがりと焼き目がついたら裏返し、ごく弱火にして魚に火が通るまで5分ほど焼く。

7 器に盛り付け、好みで甘酢しょうが適量（分量外）を添える。

2 塩を振ると、魚の余分な水分とともに臭みも出て、とり除ける。

3 ラップに半量の味噌だれを塗り広げた上に魚をのせて（左）、もう半量を魚の上面に塗り広げれば（右）、手を汚さずに魚全体を味噌で覆える。その後ラップで全体をぴったり包むので、ざっと塗れば大丈夫。

5 味噌だれの残りは、焦げの原因に。しっかりとこそげとるのが、おいしく焼くコツの一つ。

6 片面に香ばしい焼き目がついたら裏返し、ごく弱火にしてもう片面をじっくりと焼くと、焦げつかない。

アレンジレシピ　鶏の味噌漬け焼き

[材料と作り方]

鶏もも肉大1枚（300g）を「さわらの味噌漬け焼き」と同量の味噌だれ（味噌大さじ3、みりん大さじ1）で同様に一晩漬ける。焼くときは中弱火で皮目から2分ほどこんがりと焼き、裏返したらふたをして弱火にし、7分ほど焼く。

野菜の持ち味と発酵食品が相性抜群な黄川田としえさんの「ゴーヤーのしょうゆ麹そぼろ」

料理家
フードスタイリスト
発酵食スペシャリスト
黄川田としえさん
(きかわだ・としえ)

料理家・フードスタイリスト。発酵食スペシャリスト。2児の母でもあり、子ども向けの食育活動にも力を入れ、家族を対象としたワークショップ「tottorante」主宰。元Jリーガーの夫、アスリートの高校生の娘を食の面でも支える経験から、アスリートフードも研究。著書に『ホットプレートひとつでごちそうごはんができちゃった100』(主婦の友社)など。
https://www.instagram.com/tottokikawada

料理家で、発酵食スペシャリストの資格も持つ黄川田としえさんに、まろやかなうまみが魅力の発酵食品・しょうゆ麹を使った、「ゴーヤーのしょうゆ麹そぼろ」を教えていただきます。大好きな「しょうゆ麹」や、ぬか床、手作りの味噌など、発酵食品の楽しみも語ってくれました。

味わいも使い勝手も満点の「しょうゆ麹」

しょうゆ麹は、10年ほど前から始まった塩麹ブームの流れで知った、という黄川田さん。

「使ってみると、しょうゆがまろやかになり、うまみや甘み、コクも感じられる味わいがとても気に入りました。また、しょうゆやみりん、砂糖などの調味料をそれぞれ加えなくても、これひとつで味が決まります。仕事も育児もしながら、毎日の家族のごはん作りをする身としては、使わない手はないと思いました」。

ただ使うだけでなく、自分で手作りもするように。「麹をしょうゆに浸しておくだけでできますから、忙しい人でもトライしやすいですよ」。

しょうゆ麹の旨みとコクでゴーヤーの苦みもおいしさに

しょうゆ麹を使ってよく作るというのが、作り置きできるそぼろ。それに夏バージョンとして加えたのが、黄川田家の夏の食卓によく登場するという、ゴーヤーです。

「栄養価が高い野菜なので、子どもたちが小さい頃から、工夫して積極的に食べさせてきました」。

ゴーヤーといえば、苦手な人も多いのが、「苦み」。

「でも、コクのあるしょうゆ麹や肉のうまみとよく合うので、このそぼろにすれば苦みがうまくなじんで、むしろおいしく感じると思います。よくゴーヤーの苦みを和らげるために、ゆでたり塩もみしたりしますが、その必要もありません」。

おいしく作るコツは、肉を炒め始める前に、しょうゆ麹も同じタイミングで加えること。

「しょうゆ麹を含ませるようにじっくり炒めると、そぼろに味が入りやすくなりますよ」。

母から分けてもらったぬか床は不思議がいっぱい

「発酵食スペシャリスト」の資格を取得したという、黄川田さん。

「当たり前のように毎日食べている発酵食品ですが、まだまだ知らないことばかり。家族の健康を考えたい、日々の調味料はおいしいものを選びたい、食育の場で発酵食品の魅力を伝えたいと考えるうちに、深く学びたくなりました」。

ぬか漬けは琺瑯の保存容器で漬けている、という黄川田さん。「すっきりとした見た目で、キッチンの隅に置いても邪魔にもなりません」

自宅でもさまざまな発酵食品を作って、食卓に生かしているそう。

「ぬか床は、実家の母から分けてもらっています。私が子どもの頃から食べている味ですし、子どもたちもおばあちゃんのぬか漬けが大好きなので、うちでもこの味で漬けたいと思いました」。

しかし、お母さんの味通りにはなかなかならないというから、不思議。

「子どもたちもそう言うんです。育てる環境が違うからなのか……。ぬか床って奥深いですよね」。

手作り味噌は麹にこだわり、量もたっぷりと

「味噌は麹をたっぷり使うことで甘口になって食べやすくなるので、大豆の2倍量を使っています」。

味噌を熟成させるときに、一役買うのが酒粕。「アルコールが含まれているので、仕込んだ味噌の上に板粕(板状に固まっている酒粕)をのせてふたをすると、カビを防げます。しかも熟成時に、たまり(味噌を熟成するときに出る、濃厚な上澄み液)を酒粕が吸って、おいしいおまけが。酒粕はそのまま酒のアテにしたり、肉・魚の漬けだれにしたりして活用できますよ」。

ゴーヤーの しょうゆ麹そぼろ

[材料]（作りやすい分量）

ゴーヤー …… 1本（250g）
豚ひき肉 …… 300g
A しょうゆ麹 …… 大さじ5
　酒 …… 大さじ1
塩 …… 少々
サラダ油 …… 大さじ1

※完成後は冷蔵で3日ほど、冷凍で2週間ほど保存可能。

調味料は、しょうゆ麹と酒、塩のみ。しょうゆ麹は、黄川田さんは手作りのものを使用。もちろん、市販のものでも可。

[作り方]

1 ゴーヤーは縦半分に切ってわたを除き、薄切りにする。

2 フライパンにサラダ油を中火で熱し、ゴーヤーを入れて塩を振り、炒める。

3 ゴーヤーがしんなりしたらいったん火を止め、豚ひき肉、Aを入れて中弱火にし、木べらで混ぜながら4～5分炒める。

1 わたをとるときは、小さめのスプーンだとこそげとりやすい。苦味は気にならなくなるので、あまり神経質にとらなくてもOK。

（左）ゴーヤの縁が透き通ってしんなりしたら、火を止める。（右）その後、豚ひき肉と同じタイミングでしょうゆ麹も加え、じっくりと炒めることでそぼろにしっかりと味を入れる。

自家製「しょうゆ麹」

[材料]（作りやすい分量）

米麹 …… 500g
しょうゆ …… 600mℓ

[作り方]

1 米麹は清潔な手でさっと混ぜる。清潔な容器に入れ、しょうゆ500mℓを注ぎ、スプーンでよく混ぜ、軽くふたをして常温におく。

2 米麹がしょうゆを吸うので、翌日残りのしょうゆ（100mℓ）を加えてよく混ぜ、麹がしょうゆに浸かるようにする。

3 1日1回、よくかき混ぜて、1週間ほど常温におく。

4 米麹がやわらかくなり、全体にとろみが出たらでき上がり。冷蔵で3カ月ほど保存可。

米麹は、「私は粒状を使いますが、手の常在菌で発酵を進めるために、麹を清潔な手でさっと混ぜておきます。板状の麹を使う場合は、あらかじめほぐしておいてください」。黄川田さんは、福岡・糸島「ミツル醤油」の米麹を愛用。

「ゴーヤーのしょうゆ麹そぼろ」活用法

「ごはんやうどんなどの麺類にかけるだけで、たんぱく質と野菜と炭水化物が一気にとれます。栄養バランスのいいワンプレートごはんが簡単にできるので、忙しい日に頼れますよ」。
また、しっかりとした味つけで、冷めてもおいしいので、お弁当のおかずやサラダなどのトッピングにもぴったり。

水切りヨーグルトと乳清で作る、石澤清美さんの「インドのチーズ・パニール」と「ホエー漬け」

料理家
石澤清美さん
（いしざわ・きよみ）
家庭料理からパン、保存食、スイーツまで幅広くレシピを手掛け、書籍、雑誌、テレビで活躍するほか、料理教室を主宰。国際中医薬膳師、国際中医師、米国ＮＴＩ認定栄養コンサルタント、ハーバルセラピストでもあり、食と体についての知識も深い。近著に『60歳からの「老けない人」の漢方ごはん』（Gakken）など著書多数。
https://www.kiyomi-ishizawa.com/

料理家の石澤清美さんが夏によく作るという、水切りヨーグルトを使ったインドのカッテージチーズ「パニール」と、ヨーグルトを水切りして残る乳清（ホエー）を使った「夏野菜のホエー漬け」を紹介します。20年以上愛用する、秋田の発酵調味料「しょっつる」についても教えていただきました。

水切りヨーグルトで作る簡単チーズでカレーを格上げ！

「普段ヨーグルトを食べる習慣はないのですが、夏は水切りヨーグルトを使った料理を作ります」と石澤さん。ざるにあけて1時間ほど水けを切ったヨーグルトは、質感がなめらかで、コクも際立ち、クリームチーズのよう。

水切りヨーグルトの利用法としては、冷たいデザートやドレッシングなどに加え、インドのカッテージチーズ「パニール」をよく作るそうです。

「夏はカレーが食べたくなるでしょ？パニールは、インドカレー店でも見かける四角く切った白いチーズで、カレーのトッピングにぴったり。そのまま食べると、やや酸味があり、さっぱりとした味わいの中に、チーズのコクを感じます。カレーに足すと、そのコクが加わっておいしいんですよね」。

材料も作り方もシンプルな「パニール」

パニールの材料は、水切りヨーグルトだけ。電子レンジで加熱して、さらに水切りし、さっと固める、と手順もシンプル。チーズを買うとなると価格が高いので、ぜひ手作りしてみてほしい、と石澤さん。

「加熱をすると、ヨーグルト自体の酸味で固まります。牛乳に酢やレモン汁を加えて作るのが一般的ですが、水切りヨーグルトを使うほうが固まりやすくて、自然な酸味なので断然おすすめです」。

「パニール」は油を絡めてもおいしい

パニールはそのままでもフレッシュでおいしいですが、さらにおすすめの食べ方を教えてもらいました。

「脂質が少ないので、油を絡めてあげるとおいしいんです。熱したオリーブオイルとクミンシードを絡めると、油分で食感もよくなり、クミンのスパイシーな風味が合います。おつまみにぜひ！」。

捨てるなんてもったいない！「乳清」もおいしく活かそう

水切りヨーグルトを作ると、水分が残ります。これは、「乳清（ホエー）」と呼ばれる、乳成分の一部。ヨーグルトは、牛乳のたんぱく質が乳酸菌の酸で固まってできたもので、発酵が進むと収縮して、含まれていた乳清が分離して出てくるのです。

乳清には、水溶性のたんぱく質やミネラル、ビタミンなどさまざまな栄養が詰まっています。「活用しない手はありません」と石澤さん。

「簡単なのは、やや酸味は出ますが、ごはんを炊くときの水分にしたり、トマトベースのスープなどに加えたりする方法。私は『ホエー漬け』をよく作ります。野菜を半日ほど漬けるだけでおいしく食べられますが、1〜3日ほどおくと、乳清の乳酸菌の力で発酵します」。

実際に、1日漬けて発酵させた「ホエー漬け」をいただいてみると、程よい酸味と塩味で、思わず箸が進むおいしさ！ 野菜がモリモリ食べられるのもいいところ。

「水キムチのように『ホエー漬け』の汁には乳酸菌がたっぷり入っていて、おいしいので、ぜひ汁ごと飲んでいただきたいです。また、肉や魚を漬けるのもおすすめ。ふっくらと、やわらかくなりますよ」。

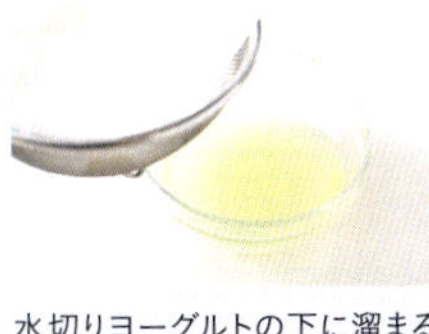

フライパンにオリーブオイルとクミンシードを熱し、パニールを入れてやや表面を焼くようにして絡めて、完成。

水切りヨーグルトの下に溜まる、やや黄色い水分が「乳清（ホエー）」。これを捨てずにとっておくのがポイント。

パニール　夏野菜のホエー漬け

パニール

［材料］（作りやすい分量）

プレーンヨーグルト（無糖）
…… 400g

［作り方］

1　ざるに厚手のキッチンペーパーなどを敷き、ひとまわり小さいボウルにのせる。ヨーグルトを入れ、ざるにラップをかけて冷蔵庫で1時間ほど水切りをする。ボウルに出た水分（乳清）は、「夏野菜のホエー漬け」用にとっておく。

2　水切りヨーグルトは耐熱ボウルに入れ、電子レンジ(600W)でふつふつとするまで、2分半〜3分半加熱する。

3　**1**と同様にざるに厚手のキッチンペーパーなどを敷いてボウルにのせ、**2**を入れて手早く水気を切る。ボウルに出た水分（乳清）は、「夏野菜のホエー漬け」用にとっておく。

4　**3**が熱いうちにキッチンペーパーごと小さなバットなどにとり出し、全体をペーパーで包んで、形を四角くととのえる。上に重しをのせ、あら熱がとれたら、冷蔵庫で1時間ほど冷やし固める。

5　キッチンペーパーを外し、食べやすい大きさに切って、器に盛る。

1　水切りに使うキッチンペーパーは、厚手の不織布タイプが使いやすい。さらしやガーゼでも。

2　（左）ボウルにラップはかけずに、電子レンジへ。（右）加熱すると、ヨーグルトの酸の力で固まってきて、さらに乳清と分離する。

3　この状態でほぐせば、カッテージチーズとして食べられる。ボウルに出た乳清は熱で乳酸菌が死滅しているが、ほどよい酸味と栄養があるので、あら熱をとったら「ホエー漬け」の漬け汁に加えて使う。

4　（左）加熱後のヨーグルトは冷めてくると固まるので、熱いうちに全体をキッチンペーパーなどで包み、形をととのえるのがポイント。（右）上にバットをのせ、さらに水を入れた器をのせれば、重しになる。

アレンジレシピ

夏野菜のホエー漬け

［材料］（作りやすい分量）

夏野菜（きゅうり、セロリ、ピーマンなど）
…… 正味500g程度
にんにく（好みで）…… 1かけ
「パニール」で残した乳清 …… 全量
塩 …… 12g

［作り方］

1　夏野菜は食べやすく切る。（きゅうりは乱切りに、セロリの茎は長さを半分に切り、1cm幅に切り、葉はざく切りにする。ピーマンは縦半分に切り、へたと種を除き、横に1cm幅に切る）

2　計量カップに「パニール」の作り方**1**、**3**で残した乳清をそれぞれ入れ、水を加えて400mℓにする。塩を加えて混ぜる。

3　清潔な容器に**1**を入れ、**2**を注ぎ入れる。冷蔵庫で半日ほど漬ければ食べられるが、発酵させる場合は室温に1〜3日おき、酸味が出たら完成。その後、冷蔵保存で1〜2週間は保存可能。

思い立ったらいつでも仕込めて、食べられる。ダンノマリコさんの「一晩でできる白味噌」

フードスタイリスト
栄養士
ダンノマリコさん

フードスタイリスト、栄養士。豊洲市場や漁港直送の旬の魚介と食材を楽しむ「ミナトゴハン」を主宰。そのほか、保存食をはじめ、さまざまなジャンルのレシピを雑誌・書籍などで提案するほか、スタイリングも手がける。著書に『スーパーのお魚で！港町の漁師飯』（春陽堂書店）、『保存食＆食べ方テク』（朝日新聞出版）など。
https://www.instagram.com/marikodanno/

一般的な味噌を手作りしようとすると、寒い時期に仕込んで、半年〜1年間は熟成させる必要がありますが、この白味噌なら作りたい時に仕込めて、すぐに完成。保存食作りがライフワークでもある、フードスタイリストのダンノマリコさんに白味噌の作り方を紹介していただきます。

麹の量が通常の2・5倍！甘さとうまみが詰まった白味噌

保存食のレシピは、昔ながらの方法を手本にしたり、老舗店の製造工程などを参考にしたりして、アレンジを楽しんでいるという、ダンノさん。「この白味噌も味噌蔵の製造工程をいくつか参考にして、レシピを考えました」。

白味噌は、一般的な味噌の2.5倍量の米麹を用いるのが特徴です。「塩分量が少なくて、優しい甘みが感じられるだけでなく、うまみもしっかり。白味噌と酒粕を2対1で混ぜて作る漬け床をストックしていますが、余り野菜や切り身魚を漬けると驚きのおいしさです」。

炊飯器を使えば、発酵を含めて一晩で完成！

白味噌の発酵を常温で進めると、2〜4週間程度かかります。今回教えてくれたのは、炊飯器の保温モードを使う方法。「60℃前後に保温することで発酵を促して、夏は17時間、冬は22時間ぐらいで完成します」。

ただし、「温度が上がり過ぎると、麹菌が死滅して発酵がストップしてしまうので注意が必要です。コツは、炊飯器のふたは開けたままにすることと、ヒーターがある底に炊飯釜が直接当たらないように、炊飯釜の底にふきんを敷くこと。味噌種は容器にできるだけ均等に、すき間なく詰めると、ムラなく熱が加わります」。

できたての白味噌。麹の粒がたっぷりと含まれているのが、見た目にもわかる。

発酵食作りのおもしろさは育てて発酵させる「過程」にある

ダンノさんがお手製の保存食を作り始めたのは、現在高校生の長男が生まれてからだそう。「子育て中で、ゆったりした時間が持てたことがきっかけです。小さな子どもと作業しても楽しそうだなと、味噌を作ったのが最初でした」。

それから、いろいろチャレンジするように。「発酵食作りは育てていく過程が楽しいですよね。塩をした魚が熟成していく様子とか、おもしろくて。漬物をよく食べますが、市販のものより手作りの方がしっかりと発酵させられておいしいですし、素材を吟味できるのもいいですね」。

(左) すき間なく詰めることで、加熱時に均一に火が通る。(右) アルミのふたの穴が空気の逃げ道に。

(左) 過度な温度上昇と蒸発を防ぐため、炊飯釜の底にはふきんを敷く。(右) ぬるま湯をひたひたに入れたら炊飯器のふたは完全に開けて保温する。

麹が指で軽くつぶせる程度になったら、完成。加熱時間が長いと酸味が出たり、赤味噌のような色になってきたりするので、ほどよいところを見計らって。

一晩でできる白味噌

[材料]（作りやすい分量）

米麹 …… 350g

乾燥大豆 …… 140g

塩 …… 35g

[発酵に必要な道具]

・炊飯器

・炊飯釜よりもひとまわりほど直径や高さが小さめの耐熱容器（ガラス製もしくはプラスチック製）

[下準備]

・炊飯釜と容器は洗い、熱湯消毒をするか、食品用アルコールをかけておく。

麹は生でも乾燥でもいいが、「生の方が、麹菌が元気に生きているのか、発酵の力があるように感じるので、使っています」とダンノさん。

大豆のゆで加減は、親指と小指でつまむように押して、なめらかにつぶれる程度。煮る時間は、普通の鍋だと約2〜3時間、鋳物ほうろう鍋は1時間半〜2時間強、圧力鍋は20分が目安。

[作り方]

1　大豆は水でさっと洗い、鍋に入れ、熱湯1ℓを注いで、一晩〜24時間浸水させる。

2　大豆が水を十分に吸ったら、鍋を中火にかける。沸騰したらアクをとり（最初に出てくる、少し黒っぽいもの。後から出てくる、白いアクはとらなくていい）、ふたをして弱火にし、吹きこぼれないようにしながら、大豆がつぶれる程度にやわらかくなるまで煮る。

3　ざるの下に汁を受け止めるボウルを置く。大豆をざるにあけて水けをきり、ゆで汁はとっておく。

4　厚手のポリ袋に大豆を入れて、親指のつけ根でなめらかになるまでつぶし、粗熱をとる。

5　別の厚手の袋に米麹を入れ、袋の上からもみほぐす。塩を加えて混ぜ合わせる。

6　**4**の大豆に**5**を加え、袋を振るようにしながら、全体を均等になるまでよく混ぜる。

7　**3**のゆで汁を100mℓ前後、様子を見ながら加えて混ぜ、手でボール状にまとまり、表面がしっとりとするくらいに調節する。

8　耐熱容器に**7**をげんこつで押し込むようにして、底や周囲にすき間なく詰める。容器の口にアルミホイルをぴたりとかぶせて、はしで数カ所、穴を開ける。

9　炊飯釜の底にたたんだふきんを入れて、上に**8**の容器をのせる。容器の中身がかぶるまで40℃程度のぬるま湯を入れる。炊飯器のふたは開けたまま、ふきんをかぶせ、炊飯器を保温モードに設定し、真夏は17時間、真冬は22時間を目安におく。

10　湯が減ったら水を足す。途中、発酵を均一にするために、一度とり出して、かき混ぜる。麹の粒がやわらかくなったら、炊飯釜からとり出す。好みでざるでこす。

※乾燥しないよう保存容器に入れて、冷蔵で1週間、冷凍で半年間保存可能。

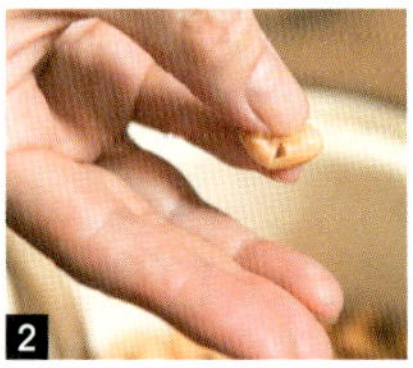

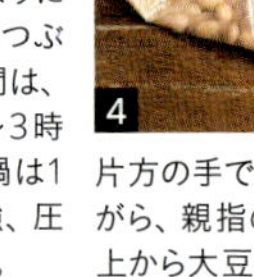

4　片方の手で袋の口を閉じながら、親指のつけ根で袋の上から大豆をつぶす。

7　ゆで汁を加えてからは、麹が水分を吸いやすいので、手早く混ぜるのがコツ。

発酵食品を毎日、少しずつ。簡単に体が整う、沼津りえさんの「発酵小鍋」

料理家・管理栄養士
沼津りえさん
（ぬまづ・りえ）

料理家、管理栄養士、調理師。大手食品メーカーで管理栄養士として従事したのち、製菓・製パン専門学校で学び、レストラン勤務を経て、独立し、料理教室「COOK会」を主宰。管理栄養士としての栄養を考え、かつ、作る人のことを考えた、アイデアあふれるレシピが人気。企業向けのレシピ開発などを手がけるほか、雑誌や書籍などで活躍中。著書に『米粉があれば！パンもおかずもおやつも極上』、『野菜まるごと冷凍レシピ』（ともに主婦の友社）など。
https://riecookcookcook.jp/

料理家・管理栄養士の沼津りえさんが、提案してくれたのが、「発酵小鍋」。一人用の小鍋で、手軽においしく旬の食材と発酵食品がとれ、他にもいいところがいっぱい。沼津さんの故郷、熊本でおなじみの発酵調味料「赤酒」についても教えてもらいました。

発酵食品をまんべんなく、毎日少しずつとる習慣を

「管理栄養士の目線で考えると、栄養のバランスがとれた食事を心がけて、いつも免疫力を高めておくことをおすすめしたいですね」と沼津さん。栄養価の高い旬の食材に加えて、鍵となるのが発酵食品だといいます。

「発酵菌もそれぞれ違えば、他に含まれる栄養素も違います。同じ発酵食品ばかりではなく、種類を変えて、少しずつでいいので毎日、毎食とるようにしたいですね」。

味噌やチーズ、キムチ、納豆など、冷蔵庫に今ある発酵食品から気軽に始めてみましょう。

「アンチョビや粒マスタードなど、普段から食べているものが、実は発酵食品だと知らないものもまだまだあるはず。発酵食品にはうまみを引き出す力があるので、他の調味料をあれこれ加えなくても、シンプルにおいしく調味できるのもいいところ。旬の食材にうまみ足しとして組み合わせる習慣が身につけば、自然と健康的な食生活になりますよ」。

栄養価が高く、簡単、便利。三拍子そろった発酵小鍋

大鍋と比べて小鍋なら、家族一人ひとりの好みに合った具材選びや味つけができるのも、魅力。「キムチや豆乳と味噌、酒粕など定番の発酵鍋はもちろんのこと、小鍋なら自分なりのアレンジも楽しみやすいですよ」。

ここでは、秋の味覚・きのこと発酵食品のチーズ、白ワインを使った、チーズフォンデュ風鍋と、根菜の甘みと豚肉と塩糀の旨味を活かしたポトフ風鍋を紹介します。

チーズフォンデュ鍋にキムチをオン。チーズとキムチがよく合い、あっという間に洋風から韓国風へ味変。

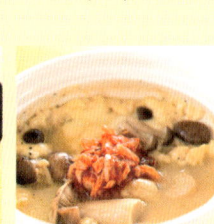

ポトフ鍋に発芽玄米を加えて、リゾット風に。汁を最後の一滴まで、しっかりとることができる。

小鍋だからこそ個々の好みでアレンジも可能

「味変したいときは、さらに発酵食品をプラスしてみてはどうでしょう。チーズフォンデュ鍋なら、キムチや豆板醤、味噌、柚子こしょうなど、いろいろ合いますよ。ぜひいろいろ試してみてください」。

上品なみりんのような味わいの、熊本の料理酒「赤酒」

「調味料は、シンプルな材料できちんと発酵させているものに惹かれる」という沼津さん。なかでも故郷・熊本の伝統的な料理酒「赤酒」は、今でも料理に欠かせない存在だそう。

「赤酒」は独自の灰持法（あくもちほう）という伝統製法で造られます。原料となる米を発酵させて「もろみ」を造る工程までは清酒と同じ。そこに、「赤酒」は木灰を入れるのです。灰によって酒では珍しい微アルカリ性になり、保存性が高まります。熊本では昔から、正月のおとそや御神酒として使われているそうです。

もろみのアルコール発酵と同時に糖化発酵も行われるので、甘みとうまみが一体に。「熊本の家庭ではみりんの代わりに使いますが、母の味といえば、赤酒入りのチャーハン。ちょっと加えるだけで、ごはんが驚くほどパラパラになるんです。少し甘みのあるチャーハンは、私も受け継いでいます」。

微アルカリ性で赤みのある色の、瑞鷹（ずいよう）の「東肥赤酒（料理用）」。

発酵小鍋

きのこたっぷりチーズフォンデュ鍋

［材料］（直径15㎝・深さ5㎝の小鍋1個分）

好みのきのこ（マッシュルーム、ブラウンマッシュルーム、エリンギ、えのきだけ、しめじなど）…… 200g
溶けるチーズ（グリエール、エメンタール、ゴーダ、モッツアレラチーズなど。組み合わせても可）…… 100g
白ワイン …… 100mℓ
塩 …… 少々
あらびき黒こしょう …… 適量

きのこに加え、チーズと白ワインの2つの発酵食品のうまみをいかすので、味つけは、塩、こしょうだけで十分。食物繊維たっぷりのきのこは、ビタミンDも豊富。チーズでカルシウムも補えます。チーズは、ピザ用チーズなどで代用しても。

［作り方］

1　きのこは食べやすい大きさに切る。チーズは手で小さくちぎる。
2　小鍋に1を入れ、塩、こしょうを振る。白ワインをまわしかけ、ふたをする。
3　2を火にかけ、沸騰したら中弱火にし、チーズがとけてきのこに火が通るまで煮る。

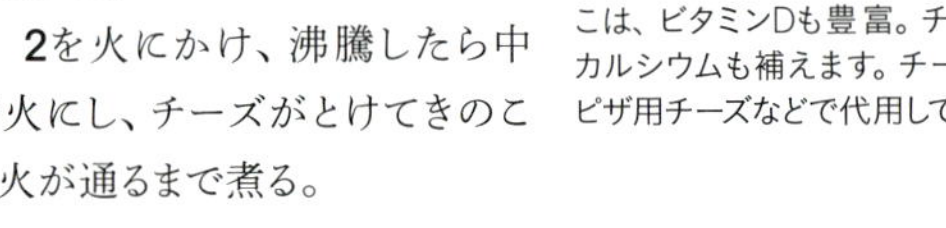

2　鍋の水分は白ワインだけ。ここまで終えたら、すぐに加熱調理せず、冷蔵庫に入れておいてもOK。

3　熱々、とろとろのチーズにきのこをからめて。チーズが固まってきたら、白ワインを少し加えて加熱し直しても。

豚肉と根菜の塩糀ポトフ鍋

［材料］（直径15㎝・深さ5㎝の小鍋1個分）

豚肩ロースかたまり肉（またはとんかつ用肉）…… 120g
塩糀（マルコメ）…… 小さじ2
大根 …… 80g
ごぼう、ねぎ …… 各50g
にんじん、れんこん …… 各30g
水 …… 200mℓ
粒マスタード …… 適量

調味は、塩糀だけ。ポトフによく合う発酵食品の粒マスタードも添えて。豚肉と根菜は小さめに切り、火の通りをよくする。根菜には体を温めるうれしい効果が。

［作り方］

1　豚肉は一口大に切り、塩糀をまぶす。
2　大根は5㎜厚さのいちょう切りに、れんこんは5㎜厚さの半月切りにする。ねぎは4〜5cm長さに切る。ごぼう、にんじんは乱切りにする。
3　小鍋に1、2を入れ、水を加え、ふたをする。
4　3を火にかけ沸騰したら中弱火にし、具材に火が通るまで15〜20分煮込む。好みで粒マスタードをつけて食べる。

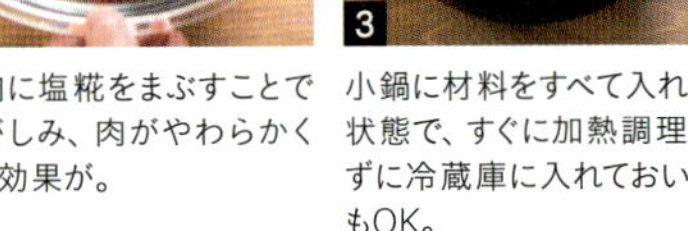

1　豚肉に塩糀をまぶすことで味がしみ、肉がやわらかくなる効果が。

3　小鍋に材料をすべて入れた状態で、すぐに加熱調理せずに冷蔵庫に入れておいてもOK。

食べている途中に粒マスタードをとき入れても。

国産レモンで作る、こてらみやさんの「レモンの塩コンフィ&ペースト」

フードコーディネーター
料理家
こてらみやさん

フードコーディネーター、料理家。スパイスや香味野菜の香りを生かした料理や保存食に定評があり、スタイリングなど食まわりの幅広い分野を手がける。人気テレビ料理番組の講師も担当中。果樹やハーブ、花などが広がる、ベランダガーデニングも話題に。著書に『レモンの料理とお菓子』（山と溪谷社）、『料理がたのしくなる料理』（アノニマ・スタジオ）など。
https://www.instagram.com/osarumonkey/

国産レモンで作る料理とお菓子のレシピの著書がある、フードコーディネーターのこてらみやさんがすすめてくれたのが、「塩レモン」よりも活用しやすい「レモンの塩コンフィ」とその進化形「レモンの塩コンフィペースト」。ライフワークとして作る保存食のことも伺いました。

薄切り&ペースト状にしたら活用度が格段にアップ！

レモンを塩漬けにして熟成させる、モロッコの伝統調味料「塩レモン」。まろやかな塩けと酸味、さわやかな香り、熟成させることで生まれるうまみが加わり、料理をおいしくまとめてくれます。日本でも知られる存在ですが、「いまいち使いこなせない」という声も。こてらさんもその一人でした。

「現地流にくし形切りにして仕込むと、タジン料理（タジン鍋を使った蒸し煮）以外には使い勝手が悪くて。あるとき、薄い輪切りにして仕込んだら、煮込みにするとレモンの皮までもろもろに崩れて、全体になじんでおいしかったのです」。

こてらさん流の「レモンの塩コンフィ」は、さらに進化。「熟成させた後にペースト状にしたら、料理の幅がぐっと広がりました。肉魚の下味や炒め物、ドレッシング、ソースの味つけに使ったり、少量を料理に添えたり。今では、なくてはならない調味料です」。

レモンの品種や熟成期間などを変えて自分好みに

自宅のベランダガーデンで、マイヤーレモンとリスボンレモンの木に多く実がなるようになって、レモンの保存食や調味料を作るようになったそう。

「マイヤーレモンは酸味が穏やか。リスボンレモンは酸味と香りがしっかりしていて、品種によっても仕上がりが違います。また、完熟したレモンで作ると、味がよりまろやかになって、おすすめ。1～2月ぐらいに出回るものが狙い目です」。

「レモンの塩コンフィ」は熟成法や期間によっても、味わいは変わります。

「2週間ほど常温におき、あとは冷蔵室に保存してゆっくりと熟成させます。熟成が進むと果汁がとろっとしてきて、半年ぐらい経つとレモンの皮が簡単に崩れて料理に使いやすくなりますよ（左上の写真）。若いとフレッシュ感が強く、1年ほど経つとコクが出ますが、味のクセも出るので、半年ぐらいが私は好きですね。いろいろ試してみると楽しいですよ」。

寒い冬の体を助ける母の味、「粕汁」

子どもの頃から冬に欠かせないというのが、粕汁。「ほぼ毎朝、母が作ってくれたものを飲んで、学校に通っていました。体が温まりますし、肌の調子もよくなる気がします」。

粕汁に少しだけ白味噌を加えるのが、京都出身のこてらさん流。「私は、酒粕をたっぷりと使った、ポタージュのように濃厚な粕汁が好き。せん切りの大根とにんじん、油揚げはマストで、ちくわで練り物のうまみを加えるとおいしいです。具は家庭によって違うようで、豚肉やこんにゃく、せりを入れる友人もいますよ」。

酒粕は、好みのものをたっぷり買ってきて、すぐに使う分をバットに入れて冷蔵庫へ。残りは冷凍し、年中保存しているそう。

「今ではいろいろなものが選べるようになりましたが、私はしっかりとした風味の、昔ながらの板粕が好みです。銘柄によって風味がまったく違うのも楽しいですよね」。

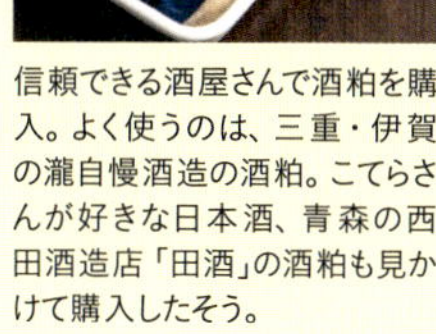

信頼できる酒屋さんで酒粕を購入。よく使うのは、三重・伊賀の瀧自慢酒造の酒粕。こてらさんが好きな日本酒、青森の西田酒造店「田酒」の酒粕も見かけて購入したそう。

せん切りした大根やにんじんは歯応えがあり、粕汁もよくからんで、半月切りなどにしたものとは違うおいしさが。

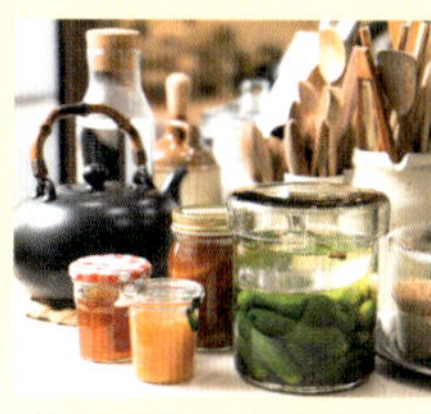
ピクルスを漬けた保存容器は、ガラス作家の鷲塚貴紀さん作。

レモンの塩コンフィ

「レモンの塩コンフィ」（仕込んですぐ）

「レモンの塩コンフィ」（仕込みから2週間後）

「レモンの塩コンフィペースト」

[材料]（作りやすい分量）

レモン …… 2個
粗塩 …… レモンの重量の40%
レモンのしぼり汁 …… 適量

材料はレモンと粗塩のみ。塩は「レモンの重量の40%」と覚えておけば、後に料理に加えたときにも、塩分を計算しやすく、活用しやすい。

[作り方]

1　レモンは洗って水けをふきとり、両端を切り落として、皮つきのまま5㎜厚さの輪切りにし、竹串などで種をとる。重さを量り、分量の塩を用意する。

2　大きなボウルに**1**を入れ、レモンに塩をまんべんなくまぶす。

3　清潔な容器に**2**をすべて入れて詰め、上からぎゅっとレモンを押し込み、果汁に浸かるように沈める。レモンが果汁に浸からなければ、レモンのしぼり汁をかぶるくらいに加え（スケールに乗せて計量する）、しぼり汁重量の40%の塩を足す。

4　ラップで落としぶたをしてから、容器のふたをする。日の当たらない涼しい場所に2週間ほどおき、その後は冷蔵室で保存し、好みの具合に熟成させる。冷蔵なら1年ほど保存可能。

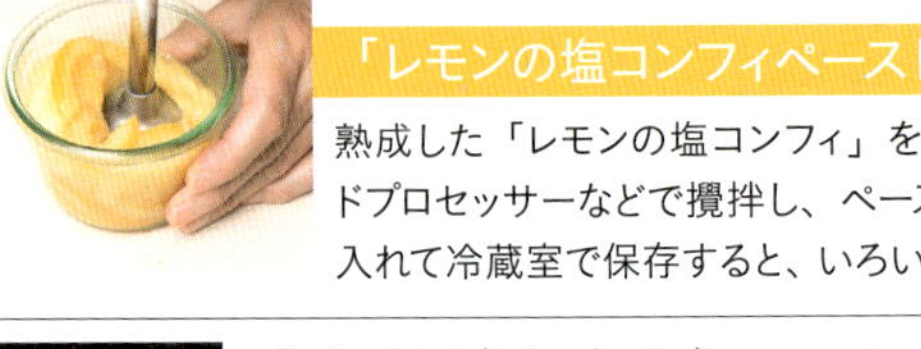

「レモンの塩コンフィペースト」の作り方

熟成した「レモンの塩コンフィ」を、ハンドブレンダーやフードプロセッサーなどで攪拌し、ペースト状に。清潔な瓶などに入れて冷蔵室で保存すると、いろいろな料理に活用できます。

1　レモンは皮ごと5㎜厚さの輪切りに。あらかじめ皮は、熱めの湯を使い、たわしでこすり洗いすると表面の汚れをきれいに落とせる。

2　（左）レモンに塩をまぶすときには、もみ込みながら行う。（右）レモンが皮までしんなりし、果汁がたくさん出てきたら、まんべんなく塩が行き渡った証拠。

3　（左）レモンを容器にぎゅっと押し込みながら詰めると、果汁が出て、浸りやすくなる。（右）ボウルに残った塩や果汁も加えることを忘れずに！。

4　（左）レモンが果汁から出ると腐敗の原因になるので、ラップで落としぶたをし、汁に浸った状態をキープ。（右）熟成中、容器の底に塩がたまるので、ときどき、容器をゆすったり、レモンを上下に返したりするとよい。

アレンジレシピ　たらとほうれんそうのレモンソテー

[材料と作り方]

1　塩、酒各少々で下味をつけたたらに小麦粉をはたき、オリーブオイルを熱したフライパンで焼いて、1切れに対してバター10g、「レモンの塩コンフィペースト」小さじ1/2を加えてさっとまとわせる。

2　食べやすく切ったほうれんそう1束を炒め、仕上げに「レモンの塩コンフィペースト」小さじ1/2〜1を炒め合わせる。

乳酸発酵による酸味とうまみで料理に大活躍！重信初江さんの「発酵白菜」

料理研究家
重信初江さん
（しげのぶ・はつえ）
調理学校の助手、料理研究家のアシスタントを経て、独立。昔ながらの家庭料理から旅で訪れた世界各地の味まで、作りやすいレシピが人気。著書に、『ほっこり小鍋』（池田書店）、『はじめてなのに現地味 おうち韓食』（主婦の友社）、『発酵白菜レシピ』（家の光協会）など多数。
https://www.instagram.com/shige82a/

白菜を手に入れたら、中国の酸っぱい漬物「発酵白菜」を仕込んでみませんか？塩漬けにしておくだけで乳酸発酵し、程よい酸味とうまみがあって、いろいろな料理に生かすことができるのが魅力。発酵白菜好きが高じてレシピ本も手がけた料理研究家の重信初江さんに教えていただきます。

白菜と塩だけでこのおいしさ、中国由来の漬物との出合い

「漬物が大好き」という重信さんが発酵白菜に出合ったのは、東京・神田にある中国東方料理の人気店「味坊」です。「まだお店ができて間もない20年ほど前に、豚バラ肉と合わせた煮物を食べたのですが、発酵白菜から出た酸味とうまみが絶妙で、染み渡るおいしさでした」。

その後、台湾でも「酸菜白菜鍋（スワンツァイパイロウグゥオ）」を食べて、おいしさを確信。自分で仕込み、鍋や炒め物、煮物など自身の料理にどんどん活用するようになったそう。

「発酵白菜の酸味やうまみ、塩気を料理に生かすと、調理や調味がシンプルでも味わい深くなっておいしく仕上がります」。

材料は白菜と塩だけ、簡単に仕込めるのも発酵白菜のよさの一つ。

失敗を防ぐ！発酵白菜の漬け方の決め手は「塩分3％」

仕込みは簡単だけれど、注意したいのが、保存時のカビ。空気に触れたり、常温で長期間おいたりすると生えてしまうことも。

「カビを避ける決め手は、塩の量です。白菜の重量の3％の塩で漬けるといいでしょう」。

常温で1～2日おいて発酵させ、その後冷蔵で半年ほどは保存できます。ゆっくりと発酵が進み、長く保存するほど深みのある味わいに。「個人的には、漬けて1週間ぐらいの状態が好みです。生のままでも調理してもおいしいですよ。数カ月保存した古漬けは、鍋や煮物などにおすすめ。自分の好みの漬け具合を試してみてほしいですね」。

生のままたっぷりと食べたい場合は、塩分3％ではのどが少し渇くので、2％に減塩すると食べやすくなると、重信さん。「ただしその分、保存は1～2カ月程度にして早めに食べきりましょう。万が一、カビが生えた場合は、カビの周囲を5㎝くらい大きく取り除き、残りは必ず加熱して食べるようにしてください」。

発酵白菜を使った料理といえば、本場では豚バラ肉などと合わせた「酸菜白肉鍋」を連想する人も多いのでは？ そのほか、中華風の炒め物や煮物などにも活躍しますが、もっと幅広く楽しんでほしい、と重信さんはいいます。

「白菜と塩で材料がシンプルですから、オリーブオイルであえるだけでもおいしいんですよ。発酵のもの同士、チーズにもよく合います」。

「第一物産」のキムチ。右は定番の白菜キムチ、左は秋冬限定のかぶキムチ。

「キムチは酸味が出るまで発酵を進ませて食べるのがお気に入り」

韓国に何度となく通い、韓国料理の本も出している、重信さん。韓国の発酵漬物・キムチも本場の味を探り、キムチを漬ける現地の行事にも参加して、レシピを追求していますが、市販のものを購入することも多いそう。

「きちんと発酵しているものを選びたいですね。最近は、〝キムチの浅漬け風〟も多いですから。買ってすぐは浅漬けの状態で、それもおいしいのですが、キムチ本来の味わいが楽しめるのは酸味が出てきてから。冷蔵庫で少し寝かせてから食べるのが好みです」。

信頼をおいているのは、東京・上野の老舗キムチ専門店「第一物産」のものだそう。

「昔ながらの製法で作られていて、酸味が出てからもおいしいのです。定番の白菜キムチはもちろん、はちみつ漬けの梅干しのキムチはやみつきに。季節限定のものもおすすめです」。

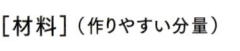

発酵白菜

[材料]（作りやすい分量）

白菜（芯や外葉は除く）…… 1.5kg

塩 …… 45g（白菜の重量の3%）

[作り方]

1　白菜は繊維を断つ方向に2〜3㎜幅のせん切りにする。

2　大きなボウルなどに**1**を入れ、塩を振り、全体に行き渡るように手で混ぜる。

3　白菜がしんなりして水分が出るまで、そのまま15〜20分おく。途中、天地を一度返して、塩をさらに全体に混ぜる。

4　白菜の水分をしっかりと絞り、ファスナーつきの保存袋（大きめのもの）に入れる。

5　保存袋全体に白菜を手で広げて詰め、空気をしっかり抜きながら平らにならして口を閉じ、口を上にした状態で1〜2日常温におく（基本は1日、冬の冷暗所の場合は2日）。

6　白菜の色が少し濃くなり、気泡が現れて発酵したら、冷蔵室で保存する。半年を目安に食べきる。

白菜の重量は、芯や外葉、汚れた部分は除いて、洗う前の水滴がつかない状態ではかるのがコツ。「白菜の分量を正しくはかれて、塩の量も正しく計算できます」

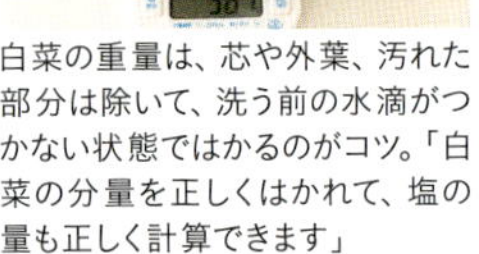

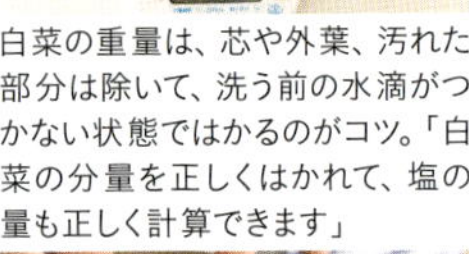

1 水分の出がよくなるので、白菜はせん切りに。

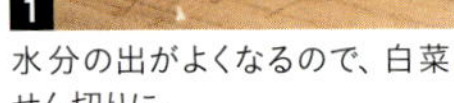

2 量が多いので、大きなボウルがなければ大鍋で代用しても。油分がついていないか確認してから使うこと。この段階ではふんわりと混ぜるだけで、もまない。

4 白菜を絞り過ぎて水分が抜け過ぎても、発酵の妨げに。（左）「おにぎりを握るような手つきで絞るのがおすすめ」。（右）保存袋の口を外側に折り曲げておくと、口が広がって白菜が入れやすくなる。

5 袋の中の空気はカビの原因になるので、白菜を詰めながらできるだけ抜くのがポイント。（左）白菜を袋の角にも広げる。（右）両手で押しながら平らにならす。

6 左は漬けたばかり、右は漬けて5〜6日目のもの。白菜が黄色〜薄茶色っぽい色に変化して、発酵が進んでいるサイン。

アレンジレシピ　シュークルート風

「ドイツのザワークラウト代わりに使うと、発酵白菜からいい風味が出るので、塩は加えなくても味が決まります」。白ワイン1/3カップを煮立て、玉ねぎの薄切り1/2個、発酵白菜300g（汁は切らない）と大きめのソーセージ4本、水300㎖を加え、煮立ったらふたをして弱火で15〜20分煮る（分量は2人分）。仕上げにあらびき黒こしょうを振り、好みで粒マスタードを添えて。

納豆と米麹、菌の違う二つの発酵でうまみたっぷり。minokamoさんの「納豆麹」

料理家・写真家
minokamoさん
（長尾明子）

料理家・写真家。岐阜県の美濃加茂市生まれ。岐阜の祖母と過ごした経験がきっかけとなり、全国各地の郷土食や食文化を調べ歩き、「minokamo」名義で現代に馴染むレシピを考案。器づかいの提案やフードスタイリングなども手がける。東京と岐阜にある、祖母が住んでいた築100年ほどの古民家の二拠点で活動中。著書に『粉100、水50でつくる すいとん』（技術評論社）、『料理旅から、ただいま』（風土社）など。https://minokamo.info

納豆と米麹、二つの定番発酵食品で簡単に作れる「納豆麹」。「minokamo」の名前で、全国を訪ね歩き、各地の食文化や食材を活かした料理を提案している長尾明子さんに、その魅力と作り方を教えていただきます。樽と重石で漬けている漬物の話と「漬けている間を楽しむアイデア」も語ってくれました。

パワフル発酵食品コンビ・納豆&米麹を合わせて日々の食卓に

東北地方には納豆と米麹を合わせた郷土食がいろいろとあります。長尾さんも、宮城・仙台を訪れた際に市販品を購入して試したのが、納豆麹との出合いでした。発酵食品を組み合わせたそのおいしさに驚いたそう。「納豆の香りや味わいも単体で食べるよりもまろやかになり、うまみも複雑になって、味わい深いのです。米麹をそのまま混ぜてたっぷりと食べられることにも惹かれて、自分で作るようになりました」。

たんぱく質や食物繊維など栄養が豊富で、整腸作用のある納豆菌が含まれた納豆。栄養を分解して消化吸収を助ける酵素が豊富な米麹。一緒にとることで、体をすこやかに整えてくれる効果も期待できます。「野菜を入れると彩りにもなりますし、栄養バランスもよくなりますよ」。

身近な調味料に麹と納豆を混ぜるだけの手軽さ

どの家庭にもある材料でシンプルに作れるのも魅力の一つ、と長尾さん。「沸騰させた熱々の酒とみりんに、にんじんやしょうゆ、しょうがを加え、そのうちに温度が下がったら米麹を加えます。粗熱がとれたら納豆を混ぜ、冷蔵で2〜3日おいたらできあがり。混ぜるだけだから簡単」。

納豆と米麹は同量、と覚えると便利。「とはいえ、納豆は1パックあたりの分量が、さまざまですよね。麹に対してやや少なくてもおいしくできるので、お手持ちの作りやすい分量で試してみてください」。

いろいろな納豆や米麹の組み合わせを試して、自分好みの味わいや食感を探す楽しみも。「私は、豆の粒がしっかりとした納豆が好きです。今回は宮城の『川口納豆　国産中粒三つ折』を使って作ってみました」。

味噌作りの合間に桶で漬ける白菜漬けの奥深さ

長尾さん宅のキッチンまわりでひと際目をひくのが、立派な木の味噌桶。これに毎年、味噌を仕込んでいるそうです。「木の桶で作ると、味噌の水分がほどよく飛んで、濃厚な味噌ができますよ」。

味噌以外にも、さらにお楽しみが。できた味噌を使いきり、また次の冬に仕込むまでの間、空いた味噌樽で、祖母の思い出の味でもある白菜漬けを作るのが、毎年のルーティンに。

「子どもの頃、祖母の家にあった漬物小屋でじっくり発酵した漬物のおいしさを思い出しながら作っています。自然の発酵はそのときどきで違うので、その具合に寄り添いながら、日々の変化も楽しんでいますよ」。

「漬け途中」を見た目からも楽しむために

昨年から、重石を載せて漬けるようになったそう。「祖母が住んでいた家で、壺と2個の漬物用の重石を見つけたんです。近所のおばちゃんからも『壺でつけたのが一番おいしいでね』という話を聞き、試したくて、リュックに入れて持ち帰りました（笑）」。

最初は重石を2個載せてぎゅっと水分を出し、かさが減ったら1個にして漬けていきます。「じっくりと漬かるからか、じんわりとおいしい漬物になります」。

「米麹の粒が残り、ほどよい食感がアクセントになるのも、おいしいんです」（長尾さん）。

味噌桶は、長崎・五島列島の福江島にある桶屋「桶光」のもの。おひつも愛用。

なめらかでほどよい大きさの重石。ふたの位置もだいぶ下がり、白菜がじっくり漬けられていく実感が湧く。

納豆麹

［材料］（作りやすい分量）

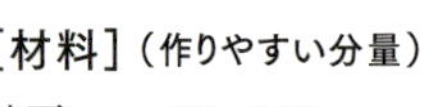

納豆 …… 80〜100g
米麹 …… 100g
にんじん …… 約1本（正味100g）
しょうが …… 1/2かけ
酒、みりん、しょうゆ …… 各60mℓ
昆布（あれば）…… 約5×5cm

米麹は乾燥のものを使用したが、生のものでも可。昆布は、切り昆布でも。唐辛子を加えてもおいしい。

［作り方］

1　にんじんはせん切りに、しょうがは皮つきのままみじん切りにする。昆布は、食べやすくハサミで切る。

2　鍋に酒、みりんを入れて中火にかける。沸騰したら火を止め、熱いうちににんじんを加えて混ぜ、さらにしょうゆ、しょうが、昆布の順に加えて混ぜる。

3　**2**の汁が40℃ほどになったら、米麹を手でほぐしながら加えて混ぜる。粗熱がとれたら納豆を加えて混ぜ合わせる。

4　**3**を清潔な保存容器や瓶に入れる。冷蔵室に2〜3日ほどおく。途中、1日に1回取り出して混ぜ、米麹がやわらかくなったらできあがり。冷蔵で1カ月ほど保存が可能。

2　酒とみりんが熱々のうちににんじんを加えるとしんなりとした食感に。しょうゆは後で加えることで、香りや風味がしっかりと残る。

3　米麹を加えるときの汁の温度の目安は、「熱めのお風呂の温度」。指をそっと汁につけて確かめるとわかりやすい。野菜やしょうゆなどを加えるうちに、特に寒い時期はあっという間にぬるくなるので、手際よく。

全体が冷めたら、最後に納豆を加えてよく混ぜる。

作ってちょうど6日が経過したもの。調味料のように気軽に！

調味料のように気軽に！　「納豆麹」の使い方アレンジ

朝ごはんのときなど、ごはんのお供にするとぴったりの納豆麹ですが、長尾さんは、食材にかけたり、和えたりして、“調味料感覚”で幅広く使っているそうです。

「豆腐や山いもなどの野菜、刺し身などにかけるだけで、簡単にごちそうができます。酒のアテとしても手軽でいいですよ。魚のフリッターなど揚げ物にかけるのもおすすめです」。

うどんやパスタなどの麺類にさっと和えても、言わずもがなのおいしさ。「忙しい日のランチや夜遅くのごはんにも、納豆麹はストックしておくと心強いんです」

日々のごはんをラクに。上田淳子さんの「本みりんベースの手作り発酵だれ3種」

料理研究家
上田淳子さん
（うえだ・じゅんこ）
辻学園調理技術専門学校の西洋料理研究職員を経て、渡欧。スイスのホテルやベッカライ、フランスのレストランやシャルキュトリーなどで約3年間、料理修業を積む。帰国後、シェフパティシエを経て、料理研究家として独立。料理教室を主宰するほか、雑誌やテレビなどで活躍。本格的なフランス料理から家庭料理まで、経験と知識に裏打ちされた作りやすいレシピで人気。著書に『ほったらかしでおいしい！オーブンで焼くだけレシピ』（Gakken）、『フランス人は、3つの調理法で肉を食べる。』（誠文堂新光社）など。https://www.ju-cook.com/

旬の食材のおいしさをうまく引き出したいなら、日本の発酵調味料の出番。料理研究家の上田淳子さんが“発酵うまみ調味料”と評する「本みりん」を主役に、そのほかの基本の発酵調味料を掛け合わせて作る、3種の簡単発酵だれと、そのアレンジ法を教えていただきます。

余らせていてはもったいない！ 身近にある発酵調味料

ブームよりも前から自家製の塩麹を作り、味噌を仕込み……発酵食品はひと通り手作りした経験がある、上田さん。

「でも、作り続けるのは大変なこと。日本には、工夫を重ねて丁寧に作られた市販の発酵食品がいっぱいあります。今では、市販品を上手に使って普段の食事にとり入れて、日々とることを大事にしています」。

私たちに一番身近で、手軽に使える発酵食品といえば、しょうゆやみりん、酒、味噌といった、どの家庭にも常備されている基本の発酵調味料。味つけだけでなく、コクやうまみなどを足し、料理をおいしくする名脇役です。

「いつも同じ使い方しかしていない、使い方がわからないというのでは、もったいない。基本調味料の組み合わせと調理法との掛け合わせ次第で、毎日のごはんのバリエーションはもっと広がりますよ」。

本みりんは、米からできた酒類調味料。よく似ているものに、アルコール分を含まずに糖類や酸味料などをブレンドした「みりん風調味料」、塩分を含む「みりんタイプ調味料」（発酵調味料）があり、それぞれに特徴が。

発酵だれをそのまま加えて和えだれにするなど、手軽に使える。

合わせ調味料の作りおきで「本みりん」の効果を最大限活用

なかでも上田さんが注目するのは、「本みりん」。もち米、米麹、焼酎またはアルコールを糖化・熟成して造られますが、麹菌によって、もち米に含まれるデンプンがブドウ糖などに、たんぱく質がアミノ酸などに分解されます。

「だから、上品でまろやかな甘みやうまみ、コクなどが豊富。まさに和の“発酵うまみ調味料”です。本みりんの効果を毎日の料理に活用しやすくするために、合わせだれにしておくことをおすすめします」。

いくら家にある調味料同士といえども、合わせておけば、調味がすぐ決まって時短にもつながり、使い勝手が格段にいい、と上田さん。

「実は、米酢を加えて『みりん甘酢だれ』にすれば、おいしい甘酢が簡単に作れます。味噌を混ぜた『みりん味噌だれ』は、上品な甘みの味噌だれに、しょうゆと合わせた『みりんしょうゆ甘辛だれ』は甘辛の味つけに万能です。いずれも砂糖を使うよりも調味料同士のなじみがよくて、甘みが穏やかになります」。

特徴を知っておいしく楽しむ、市販のザワークラウト

フランス料理に精通する上田さんのなじみの発酵食品に、「ザワークラウト」があります。フランス・アルザス地方の煮込み料理「シュークルート」にも使われる、塩漬けキャベツを乳酸発酵させたもの。

市販のザワークラウトは使う前に、一度水洗いして、酸味と雑味を落としてから煮直すのがコツだそう。

「豚バラ肉とかソーセージ、じゃがいもなどと煮て、シュークルートにしたり、玉ねぎのスライスとベーコン、ジュニパーベリー、白ワインとさっと炒め煮にしてもおいしいです」。

ザワークラウトをさっと炒め煮に。ちょっとした箸休めや酒のアテに。

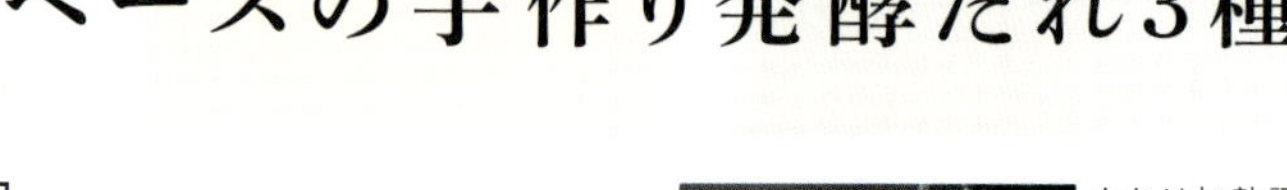

本みりんベースの手作り発酵だれ3種

［材料］（約200mℓの瓶1瓶分）

〈みりん甘酢だれ〉

本みりん、米酢 …… 各100mℓ

〈みりん味噌だれ〉

本みりん …… 100mℓ

味噌 …… 大さじ6〜7

〈みりんしょうゆ甘辛だれ〉

本みりん …… 120mℓ

しょうゆ …… 80mℓ

「みりん甘酢だれ」「みりん味噌だれ」は、みりんとそのほかの調味料が1：1の割合。「少し甘めにしたいなら、みりんが多めの6：4に。『みりんしょうゆ甘辛だれ』も、その配合にしました。『みりん味噌だれ』をゆるくしたい場合も、みりんを少し増やしてみてください」。

［作り方］

1　鍋にみりんを入れて中火にかけ、沸騰したら15〜30秒煮立たせて煮切る。

2　1の熱が少しとれたら、残りの材料を加えて混ぜ合わせる。

3　粗熱がとれたら清潔な瓶や保存容器に入れる。冷蔵で1カ月ほど保存可能（ゆずやはちみつなど、ほかの食材を加えてアレンジする場合は、さらに早めに使いきること）

たれは加熱調理せずに使う場合もあるので、本みりんはアルコール分を飛ばす「煮切り」をしてから使う。みりん本来の香りが変わってしまうので、加熱し過ぎに注意。

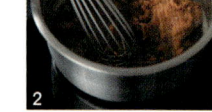

みりん以外の調味料の風味や酸味を活かすため、煮切りたてではなく、少し冷ましてからみりんに加えるとよい。

「本みりんベースの手作り発酵だれ3種」のおいしい使い方

〈みりん甘酢だれ〉

寿司や甘酢和え、炒め物、南蛮漬けのたれなど、普段、甘酢を使う料理にいろいろと活用できます。

「寿司酢にするなら、塩を少し加えてもいいですし、用途に合わせてアレンジしてくださいね」。

〈みりん味噌だれ〉

そのままゆで野菜や蒸し野菜にかけて、和え物に。菜の花を和えれば、華やか。そのほか、スナップえんどうや山菜などにも。「レモンやゆずの皮などを加えると、また違う味わいが楽しめます」。野菜やこんにゃく、豆腐などの表面に塗れば、田楽焼きに。肉や魚の味噌漬けのたれとしても使えます。「はちみつやマスタードを加えれば、洋風になりますよ」。

〈みりんしょうゆ甘辛だれ〉

肉や魚と合わせれば、おいしい照り焼きがパッと完成。「だし汁でのばせば、八方だしに。うどんのつゆや煮物の煮汁、天つゆなど幅広く活用できます」。鶏もも肉と旬の新玉ねぎを合わせて、照り焼きも春バージョンに。

人気料理家たちの手仕事カレンダー

おうちで味わう「発酵食レシピ」

さわやかなのにまろやか、大活躍のお手軽発酵だれ 牧野直子さんの「ヨーグルト味噌」

料理研究家・管理栄養士・ダイエットコーディネーター
牧野直子さん（まきの・なおこ）

「スタジオ食（くう）」主宰。健康や美容などの幅広いテーマで、レシピの開発や栄養指導や講師活動を行う。手軽に作れて、栄養にすぐれたレシピを提案。著書や監修本に『70歳からの簡単、美味しい健康レシピ』（成美堂出版）、『おいしい かんたん 作りおき 高血圧・減塩レシピ』（ナツメ社・料理レシピを担当）など多数。

料理は極力シンプルに、キッチンに立つ時間をできるだけ少なくしたいもの。そして、食欲がわかない日でも食べやすい、さわやかな味わいだとなおうれしいですね。そんな願いが叶う、「ヨーグルト味噌」を料理研究家・管理栄養士の牧野直子さんが紹介してくれました。

30年来の朝食のお供は「ヨーグルト」

管理栄養士・牧野直子さんはヨーグルトを毎朝食べて、健康面の効果を実感しているそうです。

「かれこれ30年ほど毎朝、ヨーグルトを食べているのですが、私も家族も風邪をほとんどひかないんですよ。おいしいから続けられますしね。私は、ドライフルーツを漬けて一緒に食べるのが好きです」。

乳製品はたんぱく質や脂質がとれるだけでなく、カルシウムを豊富に含みます。

「特に女性は骨粗しょう症になりやすいので、乳製品はきちんととりたいもの。『大人になって、牛乳を多くは飲めなくなった』という声をよく聞きますが、ヨーグルトだと食べやすいですし、牛乳とほぼ同じ栄養価がとれます。さらに、乳酸菌も含むので、整腸作用や免疫機能の向上も期待できますよ」。

ヨーグルトはプラスαの機能で選びたい

売り場にはたくさんの種類のヨーグルトが並んでいますが、牧野さんのおすすめは、各社独自の乳酸菌が持つ、整腸作用以外のプラスアルファの機能で選ぶこと。

「さまざまな乳酸菌が開発されていて、たとえば『ガセリ菌SP株』は内臓脂肪を減らす機能が認められ、『1073R-1乳酸菌』はインフルエンザなどの感染症の予防効果があったとされています。自分の気になる機能で選んでみては？ 種類を決めたら食べ続けることも大切です」。

おすすめしたい、「ヨーグルト味噌」の習慣

ヨーグルトの料理への活用法として、牧野さんの定番になっているのが「ヨーグルト味噌」。家によくある二つの発酵食品を混ぜれば、うまみたっぷりの調味料が手軽にできます。

「ヨーグルトが味噌の塩けを、味噌がヨーグルトの酸味をやわらげて、まろやかな味わいに。〝和風マヨネーズ〟感覚でディップにしてもいいですし、漬け床にして野菜を漬けてもみずみずしく、塩けも穏やかでさわやか。ぬか床のような面倒なお手入れは必要なく、暑い夏にもおすすめです」。

深みのあるコクがかくし味に！「豆豉のしょうゆ漬け」

「コロナ禍以前は、料理仲間で集まって、発酵食品をテーマにいろいろなものを作ったり研究していたりした時期がありました。そのときに仲間が教えてくれたのが、『豆豉（トーチー）のしょうゆ漬け』です」と牧野さん。豆豉は、黒大豆を塩、麹や酵母で発酵させ、干したもの。塩けが強いので使うのは少量ですが、深いコクとうまみ、独特の風味が、中華料理を本格派に底上げしてくれます。

「豆豉は塩辛いので、使うときには細かく刻む必要があるのですが、しょうゆに漬けておくとやわらかくなって刻みやすくなり、使いやすさがアップします。豆豉を使いやすくペースト状にした『豆豉醤（トーチージャン）』も売られていますが、自分でしょうゆに漬けるほうがシンプルでいいなと思います」。

常備し始めて、10年にはなるそう。「麻婆豆腐やチャーハン、炒め物などに少し加えると、コクのあるうまみが加わっておいしくなります」。

ヨーグルト味噌で肉や魚を漬けておけば、忙しい日のメインの一品が完成。「冷凍しておくと、お弁当のおかずにも便利ですよ」。

「豆豉のしょうゆ漬け」

豆豉30gにしょうゆ大さじ6（90㎖）を加えるだけ。冷蔵室で保存し、半年を目安に、1年ほどで使いきりましょう。

ヨーグルト味噌

［材料］（作りやすい分量）

〈ヨーグルト味噌〉

味噌、プレーンヨーグルト（無糖）
…… 各大さじ3

〈「ヨーグルト味噌漬け」の野菜〉

きゅうり（へたを落とす）…… 1本

なす（へたを落とし、縦半分に切る）
…… 1本分

みょうが …… 3個

パプリカ（黄・縦半分に切る）
…… 1/2個分

塩…… 小さじ1/2

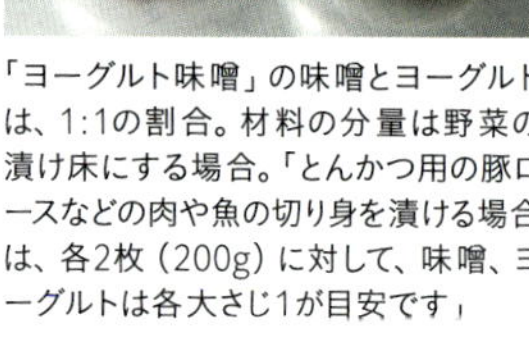

「ヨーグルト味噌」の味噌とヨーグルトは、1:1の割合。材料の分量は野菜の漬け床にする場合。「とんかつ用の豚ロースなどの肉や魚の切り身を漬ける場合は、各2枚（200g）に対して、味噌、ヨーグルトは各大さじ1が目安です」

［作り方］

1　ジッパーつきの保存袋に「ヨーグルト味噌」の材料を入れて、袋の上からもんで均一に混ぜ合わせる。

2　野菜に塩をすりこんで10分ほどおき、ペーパータオルで表面の水気をふく。

3　保存袋に**2**を漬け、冷蔵室で一晩おく。

4　**3**から野菜を取り出し、ヨーグルト味噌をぬぐって、食べやすく切る。

※漬け床は繰り返し使用しない。

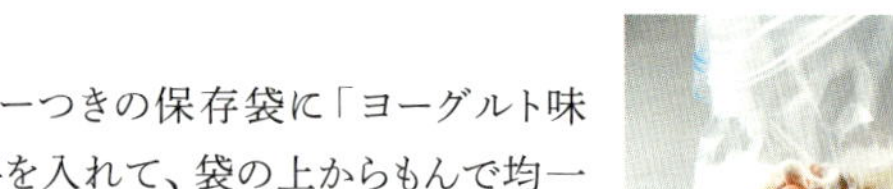

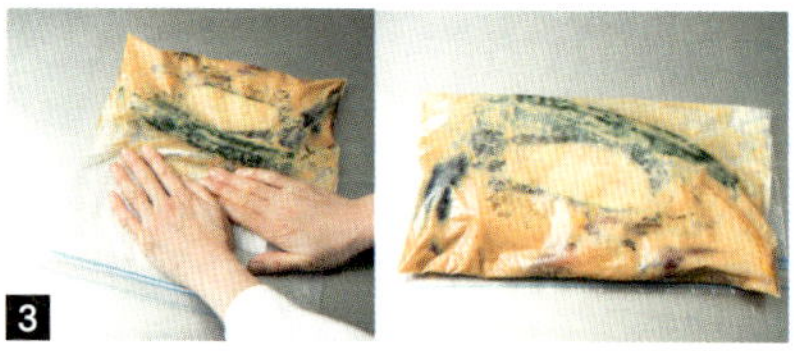

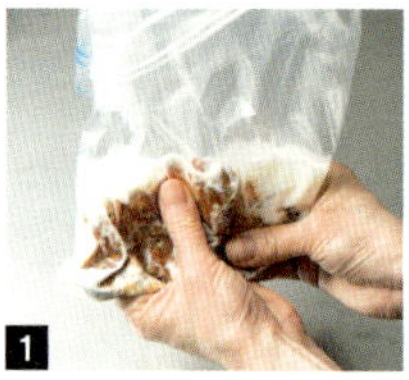

1 「ヨーグルト味噌」はこれで完成。漬け床の場合、保存袋に材料を直接入れて混ぜ合わせるとラク。ディップなどの場合は小さなボウルや容器などで。「ヨーグルト味噌」は、冷蔵で3日保存可能。

2 漬け床が薄まらないように、野菜から出た水分をしっかりふきとって。肉や魚を漬ける場合は、塩はせずに表面の水気をよくふく。

3 保存袋内の空気をしっかり抜いてから口を閉じると、少量の漬け床でもよく漬かる。

時短でおいしい！　「ヨーグルト味噌」の使い方アレンジ

豚こま切れ肉200g、パプリカ（赤）1/2個、玉ねぎ1/4個を植物油大さじ1で炒めて、ヨーグルト味噌大さじ2におろしにんにく少々を加えて味つけする。

ヨーグルト味噌の、マイルドな塩けとさわやかな味わいは、まだまだ使い道が。牧野さんのイチオシは、炒め物の味つけです。

「肉と野菜を炒めて、ヨーグルト味噌を加えるだけ。驚くほど簡単にできますが、まろやかなコクがありながらさっぱりと食べられます。少量のおろしにんにくを加えるとさらに食欲をそそり、夏バテしたときにもおすすめ。肉ではなく、めかじきなどの魚をそぎ切りにして炒めてもおいしいです。そのほか、ホイル焼きのたれにも合いますよ」。

疲れたな、と思ったら
探しにいこう。
体を癒やす
発酵 朝ごはん
Breakfast

体に優しく、おいしい。「東京豆漿生活」の台湾式朝ごはん

現地の味をよく知る人が足繁く通うことからも、おいしさ、評判の高さをうかがい知ることができる。

朝から店内で仕込み、酥餅や焼餅を提供。テイクアウトをしていくお客様も多い。

手前から、『鹹豆漿（シェントウジャン）』、甘さと塩味のバランスが絶妙なピーナツぎっしりの『花生餅（フアシェンピン）』、ニラ、卵、春雨、ピーナツなどが入ったボリュームたっぷりの『酥餅（スーピン）』、『焼餅（シャオピン）』のねぎ卵焼きサンド。

東京・品川区にある「東京豆漿生活」。「台湾の豊かな朝ごはん文化を日本にも」という思いから2019年にオープンしました。台湾の人たちは、老若男女、朝食をしっかりと食べるという文化が根付いています。外食で朝ごはんをとる人も多く、テイクアウトした朝食をオフィスで食べるというのも、台湾ではよくある光景とのこと。

「東京豆漿生活」は、朝から列ができることもあり、土曜日の朝などは遠方から訪れる方も多く、4割ほどは台湾や中国の方とも。

朝食の中でも定番のメニューは「鹹豆漿」。「鹹」は塩気、「豆漿」は豆乳の意味で、鹹豆漿は豆乳に酢を入れてゆるりと固めたスープのこと。塩味と酸味、干しエビや塩漬け大根によるうまみ、ラー油の辛みに、「油條」と呼ばれる揚げパンのコクが加わって、やさしい味わいながらも食べごたえがあり、朝ごはんにぴったりな1品です。

豆乳は毎朝店内でしぼっているそうで、宮城県産大豆を使用した、しぼりたての濃い豆乳を使っていることが、とろっとおいしい鹹豆漿になっているのでしょう。

そのほかにも、パイとパンの間のような独特の食感の『酥餅』や台湾のでんぶが入ったサンドイッチ『肉鬆三明治』、台湾式おにぎりも人気メニューです。台湾のノスタルジックな雰囲気の漂う素敵な店内で、ゆったりおいしい朝ごはんを食べれば、エネルギーがチャージできて、心も体も温まります。朝を大切に過ごせると、一日を充実した気持ちで過ごすことができますよ。

東京豆漿生活（とうきょうとうじゃんせいかつ）
住所○東京都品川区西五反田1丁目20−3
営業時間○平日8:00〜15:00
○土日祝：9：00〜15：00（8：00〜整理券配布）
URL○https://instagram.com/tokyodoujanseikatsu

削りたての鰹節をほかほかの白ごはんに。永松真依さんの『かつお食堂』

「かつお食堂」のカウンターに立ち、シュッシュッとリズミカルな音を奏でながら鰹節を削る店主・永松真依さん。

店では特注の鰹節削り器を使用。側面がスケルトンになっていて、削った様子が確認できる。

削りたての鰹節をほかほかの白ごはんにのせた鰹節ごはんと、一番だしのお味噌汁。

削りたての鰹節をほかほかの白ごはんにのせた鰹節ごはんに、一番だしのお味噌汁。鰹節を主役にした究極の朝ごはんを提供しているのが東京・渋谷にある「かつお食堂」。ミシュランガイドで2年連続ビブグルマンを獲得し、しばしば行列もできる人気店です。

店主は鰹節伝道師として活動し、〝かつおちゃん〟という愛称で親しまれている永松真依(ながまつまい)さん。「かつお食堂」のカウンターに立ち、リズミカルに鰹節を削っています。

「鰹節を削る祖母の佇まいがかっこよくて、私もこんな人になりたいと感じたんです。作ってくれた味噌汁も今まで食べたことがないほどおいしかった」。

「かつお食堂」で使う食材はすべて永松さんが厳選したものばかり。羽釜で炊く米は長野の飯嶋農園産。味噌汁には祖母が使っていた大分産の味噌に、田舎味噌をミックス。だしの味が楽しめるように、優しい味に仕上げています。もちろん主役の鰹節も永松さんが惚れ込んだものだけを使用。

「朝にごはんと味噌汁を口にすると背筋が伸びて、今日もいい始まりだなって感じるんです。産地巡りをしていたとき、職人さんが炊いたごはんに鰹節をどんとのせて、鰹節にお湯を注いだだけの汁を出してくれたんです。それがすごくおいしくて、鰹節の話をするためにもシンプルなメニューに決めました」

ふわりと薄い削りたての鰹節は舌触りがよく、口いっぱいに芳醇な香りと優しいうまみが広がって、心まで満たされていくよう。「これが日本の味なんだということを届けていきたいです」。

かつお食堂

住所○東京都渋谷区鶯谷町7-12地下1階
営業時間○平日8:30〜、土日祝9:00〜
(売り切れ次第終了。13:00頃は終了している場合があります)
URL:https://www.instagram.com/katsuoshokudo/
※不定休です。インスタグラムにて営業日を告知しています。

2025年2月より完全予約制。

疲れたな、と思ったら探しにいこう。
体を癒やす 発酵朝ごはん
Breakfast

たまり漬の老舗が営む「汁飯香の店 隠居うわさわ」の豊かな朝食

人気のメニュー「上澤の朝食」。ごはん、味噌汁、漬物＋季節の食材のおかずが3〜4品セット。

土鍋の蓋を開けると、湯気とともに炊きたてのおいしい香りがふわっと広がり、食欲がそそられる。

最もシンプルなメニューの「汁飯香（しるめしこう）」。土鍋で炊いたごはん、日光の大豆で仕込んだ味噌汁、地元野菜のたまり漬のセット。

「汁飯香の店 隠居うわさわ」は、日光名物で知られる「たまり漬」の創始者、上澤（うわさわ）梅太郎の名前を冠する老舗、「上澤梅太郎商店」が手がける朝ごはん専門店です。

広々とした日本庭園の一角に建つのは、江戸生まれの職人たちが１５０年前に建てた隠居所。歴史のあるこの場所でいただけるのは、かつて日本人が当たり前としていた、とても豊かな朝食でした。「漬物、味噌、しょうゆメーカーとして、商品が一番輝くシーンっていつだろうと考えたら、朝ごはんだろうと」。

「おじゃまします」と靴を脱いで入ると、まるでおばあちゃんの家にでも来たかのよう。１５０年の歴史をほぼそのまま生かした空間は、隅々まで手入れが行き届き、代々大切にされてきたことが手に取るようにわかります。

まるで桃源郷のようなこの場所でいただけるのが、女将が作る朝ごはんです。

「特別贅沢なものではなく、いつも我が家で食べているものばかり。土鍋で炊いたごはんと日光の大豆で仕込んだ日光味噌のお味噌汁、そして地元の野菜でつくったたまり漬が基本です。ごはんは一番おいしい炊きたてをお出ししています。少し時間はかかりますが、蓋を開けた瞬間、皆さん笑顔になりますよ」。

本来の日本食を食べる機会は、実は少なくなっている昨今。「観光地ですから、海外の方にも、お寿司やてんぷらだけでなく、日本人が古くから食べてきた普通のものを知ってもらいたい気持ちがあります。若者をはじめ多くの人に漬物の魅力を広めていきたいと思っています」。

汁飯香の店 隠居うわさわ
住所○栃木県日光市今市487（芝崎歩道橋がわ）
営業時間○8:30〜14:00（最終入店13:00）
営業日○毎週土曜日・日曜日・月曜日
URL○https://www.tamarizuke.co.jp/inkyo-uwasawa/

31の小皿に盛られた「石苔亭いしだ」の「短歌膳」

落ち着いた空間でゆっくりと旬の味を楽しめる個室もある。

ある日のお品書き。ごはんが進みそうなものばかり。

31皿が並ぶ「短歌膳」は見た目も豪華。

岐阜県と接する長野県の南端に位置する阿智村にある小さな温泉郷、昼神温泉。沸き出る湯は、PH値が高く（アルカリ性）、美肌の湯として知られています。昼神温泉を代表する宿「石苔亭いしだ」には名物があります。短歌の31文字にあわせた31膳の朝ごはんです。

「お客様に喜んでいただける驚きのある朝食にしたいという思いで、この短歌膳が始まりました。朝から31もの数の皿を揃えることはできないと、反対の意見も当初は多くありました」と語るのは、料理長の長田政利さん。

通常の朝食は18品程度。約7割増の31品ある短歌膳は、地元産の肉や野菜をふんだんに使用しています。味つけは関西風で塩分も控えめ。

「下段は生もの、その上の段は焼き物でさらにその上は煮物。そして、最上段はあっさり味のおかずやフルーツ。朝からお酒をたしなむ方は、下の列から順に食べると恰好のおつまみになります。苦労といえば、仕込みがたいへんなのは当たり前ですが、前日の夜食と一品も重ならないようにするなど、彩りも考えて並べています」。

日頃の朝食のおかずはせいぜい2～3品という人にとっては、テンションが非常に上がるこの短歌膳。一皿食べてはごはんをいただき、食感も風味も異なる次の小皿へ。無限ループのようにしあわせな時間は続きます。

「阿智村は『星空日本一』の称号をいただいていますので、最近は星空を見に来られる若いカップルのお客様も多いです。再び訪れていただくためにも、魅力的な食事をご用意していかなくてはと思っています」。

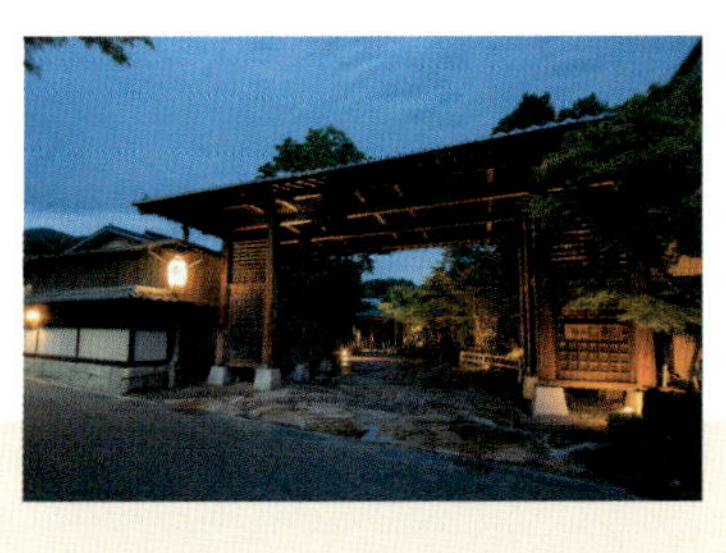

石苔亭いしだ

住所○長野県下伊那郡阿智村智里332-3

※短歌膳は、宿泊者のみに提供・要事前予約。

URL○ http://www.sekitaitei.com/

焼きたての干物と卵かけごはんで1日をスタート！「ヨリドコロ」の朝ごはん。

魚は焼き加減を見極めて、皮目はパリッと、中はジューシーに。焼きたてのあじの干物は、くさみはまったくなく、濃厚な味わい。

梁や構造、ガラス窓などの貴重な建材は残しつつ、モダンで快適な空間にリノベーションされた店内。ペット同伴可のテラス席もある。

「あさごはん」は7:00〜9:00に提供。「あじ干物定食」のほかには「さば」と「あじ&さば」などから選べる。こだわり卵をプラスした卵かけごはんが定食を彩ってくれる。

天日干し無添加の絶品干物の定食を、古民家のぬくもりを感じながらいただける鎌倉「ヨリドコロ」。朝早くから連日満員の人気店です。訪れた由比ヶ浜大通り店があるのは、江ノ島電鉄の和田塚駅から徒歩3分、鎌倉駅からも10分ほどで到着するローカルな雰囲気がほどよく残るエリアです。

「ヨリドコロ」の朝は早く、オープンは朝7時。店内には焼き魚の香ばしい香りが漂います。メインの食材が干物となったきっかけは、代表の実家が干物屋を営んでいて、生産者さんとの繋がりがあったからだそう。全国各地から届いた新鮮な魚を干物に加工してくれるのは、探し求めて見つけた西伊豆の加工場。天城水流の湧水で丁寧に洗い、天日干しで仕上げた干物はくさみも癖もなく、とてもおいしい！数量限定の『あさごはん定食』はあじとさばですが、1日中ご注文いただける『おしょくじ』メニューでは、さばやほっけ、やきんめだいなどがあるほか、オンラインサイトで地方発送も行っています。

さらに、「ヨリドコロ」の名物にはもう一つ、卵かけごはんがあります。泡だて器でふわふわになった白身は口に入れると、じゅわっと溶けてなくなる驚きの新食感！

「素材そのものにもこだわっていて、卵は神奈川中の養鶏場を訪ね歩き吟味して決めたもの。ほかにも、お米は新潟から取り寄せ、お味噌汁の味噌は、九州では親しまれている麦味噌を合わせて甘めに仕上げています。ヨリドコロではいろいろなお料理を提供しているわけではないので、一つ一つの素材にこだわることで、満足いただけるおいしい時間を提供したいと思っています」。

ヨリドコロ　由比ヶ浜大通り店

住所○神奈川県鎌倉市由比ヶ浜1-10-7
営業時間○7:00 – 18:00 (L.O. 17：00)
定休日○木曜日
URL○https://yoridocoro.com/

路地に佇む「神楽坂 むすびや」で、理想の朝ごはんを。

左から、店内で味噌漬けにした濃厚な味わいの「卵黄味噌漬け」、「こだわりコンビーフ」、「親子（鮭・いくら）」。

お店で提供するものと、テイクアウト用のものとでは握り方を変えているそう。テイクアウト用は空気を入れてふんわりと握り、冷めてもおいしくいただけるようにしているとか。

人気のおにぎりは「大葉しらす」と「めんたいこ」。味噌汁、塩味のから揚げと一緒に。イートインは注文してから握るため、できたてを味わえる。

今や世界から注目を集めている「おむすび」ですが、ブームの前から愛され続けてきたおむすび屋さんが東京・神楽坂の路地にあります。夜の街の印象のある神楽坂で、早朝から日本食を味わえる貴重な存在として、出勤前のビジネスマンや、学生、そして地元の方々で賑わいます。

「神楽坂 むすびや」を切り盛りするのは、4人のお母さんでもある伊東敦子さん。子育て真っ最中だった伊東さんを突き動かしたのは、おいしいおむすびを子どもたちに食べさせたいという思いただ一つでした。

「一番先に学んだのは握り方。私はギュッギュッと力を込めて握っていたんですが全く違ったんですよね。おいしいおむすびは、一口食べたときにほろりと崩れるくらいの握り加減。ふんわりと海苔で包むような感じでした」。

こだわったのは、時間が経ってもふんわりとおいしく食べられること。そのために、冷めてもおいしいお米選びや、海苔と具材のバランスなどを考えたそう。

「神楽坂 むすびや」の営業時間は、平日は8時半から14時、土曜日は10時から14時まで。

「おむすびのシンプルなおいしさを引き立てるのは、やっぱり味噌汁の深い味わい。昆布とか鰹でだしをとり、練りごまを隠し味に加えています。コクが出てとってもおいしくなるんですよ」。

お店を始めてもう8年。「みんなのお母さんのつもりで、どの世代の方にとっても、ほっと一息つけるような場所になれたらと思います」。

神楽坂 むすびや

住所○東京都新宿区神楽坂2-10
営業時間○8:30～14:00（平日）、10:00～14:00（土）
定休日○水曜日、日曜日、祝祭日
URL○ https://kagurazaka-musubiya.com/

体を気遣う人はみんな飲んでいます。

もっと楽しみたい！甘酒の世界

甘酒は、日本伝統の発酵食品。
最近種類や販売メーカーも多くなり、愛飲する人も増えています。
自由度が高く、料理のバリエーションも広い甘酒。
ぜひ今の暮らしにとり入れてはいかがでしょうか。

柚木さとみ（ゆぎ さとみ）さん　料理家。古民家をセルフリノベーションしたアトリエで料理教室「さときっちん」を主宰しながら、企業や雑誌、メディア向けのレシピ提供のほか、スタイリングや空間作りなど"食"を含めた暮らし方の提案を行っている。近著に『友だちと、空の下で、ゆるく料理を楽しむ。女子キャンプごはん』（グラフィック社）がある。

江戸時代から親しまれる甘酒。俳句では夏の季語です

初詣の寺社で振る舞われるなど、寒い冬に飲む甘いお酒というイメージが強い甘酒。しかし実は江戸時代より夏の飲み物として親しまれていました。現在でも俳句の世界で甘酒は、夏の季語として使われているほどです。

そもそも甘酒とはどのようなものなのでしょうか。料理家の柚木さとみさんに話を伺いました。

「現代でメジャーな甘酒は、酒粕に砂糖を合わせてお湯で薄めたもので、アルコールが含まれています。けれど日本古来の甘酒は、米に米麹を打って発酵させたもの。アルコールは含まれておらず、甘麹や麹甘酒とも呼ばれています。この米麹を使った甘酒は江戸時代には夏バテ予防に飲まれていたり、武士のたしなみとして、お酒を飲む前に悪酔いを防ぐために口にされていたといわれているんです」。

ビタミンB群、ブドウ糖、アミノ酸など栄養素をたっぷりと含むため、体が疲労する夏に飲まれていた甘酒。体内では作られない9種類の必須アミノ酸をすべて含んでいる点も特徴で、糖質もすぐにエネルギーとして使われるため、摂取しても太りにくいとされています。

「私は2年ほど前から飲み始めたのですが、疲れにくくなって、肌の調子も良い気がします。肌や髪にいい成分も入っているので、食べる美容液ですね」と、日々の食生活にとり入れている柚木さん。天然のサプリメントとでもいうべき甘酒は市販もされているが、家でも作ることができるといいます。

ほりえさわこさんに教わる

炊飯器で簡単！自家製甘酒の作り方

自家製甘酒を欠かさずストックしているというほりえさん、「我が家の甘酒消費量はかなりのものですよ」と笑います。温かい甘酒やスムージーなど、飲み物として飲むだけでなく、料理にも甘酒が大活躍しているとのこと。その作り方を教えていただきました。

ほりえさわこさん　料理研究家・栄養士。家庭料理研究の草分け的存在である堀江泰子さんを祖母に、堀江ひろ子さんを母に持ち、幼い頃から料理に親しんで育つ。イタリア、韓国への料理留学の経験も。50年以上続く料理教室を引き継ぎ、テレビや雑誌、書籍などでも活躍。家庭で作りやすく、家族から喜ばれるレシピに定評がある。

［材料］（作りやすい分量）

米麹 …… 300g
60度のお湯 …… 600ml

冷凍保存もOK！ 密閉袋に平たくのばして冷凍すれば、必要な分だけポキっと折って使えて便利。

［作り方］

1 炊飯器の内釜にほぐした米麹、お湯を入れて混ぜ、濡らしたふきん2枚をかぶせる。

2 ふたを閉めずに「保温」スイッチを入れて、6時間保温させる。途中、ふきんが乾いてきたら濡らす。

3 ハンドミキサーなどでなめらかに攪拌してから保存容器に入れる。麹のつぶつぶ感が残らないほうが、下処理に使いやすい。

Point

- 途中1～2回かき混ぜるほかは、炊飯器でほったらかしで大丈夫。ただし、できあがるのに6時間ほどかかりますし、肉や魚の下処理に使うにはしっかり冷ます必要があります。
- 炊飯器は「保温」の状態で使用すること（「炊飯」はNG！）。
- 完成した甘酒は、1～2日で使いきる分を残して、残りは冷凍用密閉袋に入れて冷凍庫で保存を。

日々の生活にとり入れて楽しみたい甘酒の世界

「発酵を止めるために火入れしている市販のものに比べて、手作りする生の甘酒は栄養素が生きています。それになんといってもおいしい！　気軽に楽しみたいなら、そのまま飲むのがおすすめです。私の場合、フルーツ、豆乳、甘酒をミキサーにかけたお手製ドリンクをいつも飲んでいます。好きな果物を使えばいいし、味のバリエーションも楽しめますよ」。

また、砂糖やみりんの代わりに使うことで、調味料としても役立つ。肉や魚を甘酒に漬け込むことで、うまみを増す効果も。

「ピザ生地にもイーストの代わりに甘酒を使うと、もちっと感が出ます。それに甘酒はくどくない甘さなので、すき焼きや煮魚に使ってもおいしい。フレンチトーストを作るときは牛乳と砂糖を使用せず、卵と甘酒で作ります」。

自由度が高く、料理のバリエーションが広がる甘酒。日本伝統の発酵食品ですが、和食だけにとらわれる必要がなく、今の暮らしにとり入れやすい点も魅力といえるでしょう。

「難しく考える必要はないと思うんです。新しいことを始めるというよりも、馴染むところを見つけて自分の暮らしにとり入れてみればいい。甘酒は一晩で作れるし、発酵する過程を楽しむのは面白いですよ」。

麹の力と先人の知恵が込められた発酵食品、甘酒。そのまま飲んでもよし、料理に使ってもよし、日々の食生活にとり入れてみてはいかがでしょうか。

甘酒 deパスタ

ほりえさわこさんに教わる

ふんわり塩鮭のレモンクリームパスタ

塩鮭のレモンクリームパスタ

［材料］（2人分）

スパゲティ …… 160g
塩鮭（中辛）…… 1切れ
甘酒、酒 …… 各大さじ1
ミニトマト …… 6〜7個
生クリーム（35%）…… 200ml
レモン汁 …… 大さじ1/2
薄口しょうゆ …… 小さじ1/2
レモンの皮のすりおろし、イタリアンパセリ …… 各適量
あらびき黒こしょう …… 少々

［作り方］

1 ポリ袋に塩鮭、甘酒、酒を入れ、空気を抜いて袋の口を縛り、冷蔵庫で半日ほどおく。
2 1の水気をよくふきとり、骨と皮をとる。ミニトマトは半分に切る。
3 フライパンに生クリーム、しょうゆ、2の鮭を入れて火にかけ、鮭に火が通ってきたらへらで粗くほぐし、ミニトマト、レモン汁を加えて味をととのえる。
4 スパゲティを袋の表示時間より1分ほど短くゆで、3に加えてあえ、ソースがゆるめの状態で仕上げて器に盛る。ちぎったイタリアンパセリ、レモンの皮のすりおろし、黒こしょうをかける。

「我が家では食材の下処理に甘酒が大活躍！　冷蔵庫にはいつも自家製甘酒が常備されています」というのは、ほりえさわこさん。

「イタリアンのシェフから教えてもらったのが、甘酒を使った食材の下処理法。以来、もう甘酒なしの生活は考えられないっていうくらい惚れ込んでいます」。

発酵パワーを活用した下処理としては塩麹や味噌に漬ける方法が知られていますね。

「甘酒は、漬けておいても麹の香りや甘酒の甘みは残らないんです。発酵による甘みだから食材の味を邪魔せず、食べたときにはうまみとして感じられるんですね」。

塩分を含まないから塩加減を自分で決められるのもポイント。

「魚の切り身なら、甘酒と酒を同量ずつまぶして。レンジ加熱でも、くさみゼロでふっくら仕上がります。甘酒の発酵パワーは、食材のいいところをグイグイ引き出してくれる。日持ちもするし、おもしろいくらい万能なんです」。

榎本美沙さんに教わる

糀甘酒を使ったクリームパスタ

榎本美沙（えのもと みさ）さん　料理家・発酵マイスター。「発酵食品」「旬の野菜」を使ったシンプルなレシピに定評があり、テレビや書籍、雑誌などのレシピ開発やイベント登壇などを行う。登録者数36万人を超えるYoutubeチャンネル『榎本美沙の季節料理』やInstagram(@misa_enomoto)も人気。

「糀甘酒のやさしい甘さは、少しほろ苦さのある春野菜ととても相性がいいんです。かぶの代わりにアスパラや菜の花などの野菜を使ってもおいしく仕上がります。今回は、栄養価が高いかぶの葉まですべて無駄なく味わえるレシピにしました」。

春野菜と糀甘酒の相性のよさに気付いたのは、春キャベツのスープに糀甘酒を用いたときだったと榎本さん。肉や魚と合わせたり、飲み物やスイーツに好んで使っていた糀甘酒でしたが、春野菜との組み合わせがとても新鮮に感じたそうです。

「冬になったら野菜を白菜に代えて、糀甘酒の量を増やし、少しこっくりとしたソースにしてもおいしいです。旬の野菜を用いて、さまざまなアレンジを楽しんでくださいね」。

かぶの糀甘酒クリームパスタ

［材料］（2人分）

スパゲティ(1.6mm) …… 160g
玉ねぎ …… 1/2個
かぶ(葉つき) …… 小2個
ベーコン …… 2枚
オリーブオイル …… 大さじ2
薄力粉 …… 大さじ1
A ｜牛乳 …… 1カップ
　｜糀甘酒(ストレートタイプ・マルコメ) …… 1/2カップ
塩 …… 小さじ1/4
こしょう …… 適量

［作り方］

1 玉ねぎは縦に薄切り、かぶは1.5cmの角切りにし、かぶの葉は刻む。ベーコンは1cm幅に切る。

2 フライパンにオリーブオイルを中火で熱し、玉ねぎ、ベーコンを炒める。しんなりしたらかぶ、薄力粉を加え炒める。

※このタイミングで薄力粉を加えることで、ホワイトソースを準備する必要がなく、軽やかなクリームができあがる。

3 粉っぽさがなくなったらAを少しずつ加える。薄力粉がダマにならないよう、最初は特に少しずつ、ゆっくりと加えていく。塩、かぶの葉を加え、とろみが出るまで加熱する。

4 鍋にたっぷりの湯を沸かし、塩(分量外/水2リットルにつき大さじ1/2)を加える。スパゲティを袋の表示の1分短くゆでる。

5 スパゲティのゆであがりに合わせて3を再び温めて、湯をきったスパゲティを加え混ぜる。器に盛りつけ、こしょうを散らす。

由井千尋さんに教わる

子どももOK 甘酒deスイーツ

手作りの甘酒スイーツ

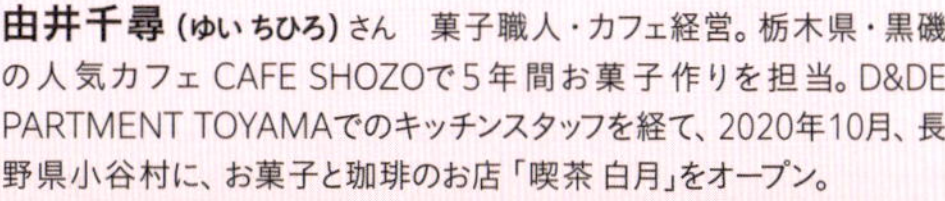

由井千尋（ゆい ちひろ）さん　菓子職人・カフェ経営。栃木県・黒磯の人気カフェ CAFE SHOZOで5年間お菓子作りを担当。D&DEPARTMENT TOYAMAでのキッチンスタッフを経て、2020年10月、長野県小谷村に、お菓子と珈琲のお店「喫茶 白月」をオープン。

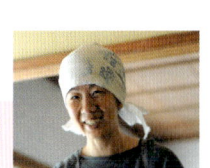

お手伝いをしてくれたのは由井さんの家の近くに住む、大和くん（撮影当時3歳）。

甘酒ヨーグルトムース

長野県・小谷村にある「喫茶 白月」のオーナー由井千尋さんに、甘酒のお菓子レシピを教えていただきました。

「お菓子作りのなかには、繊細なテクニックが必要なものもありますが、これらのお菓子は、多少混ぜ過ぎたり、こね過ぎたりしても、失敗をすることが少ないものばかり。ボウルの中の様子を見ながら作ってもらえたら、あまり細かなことに気をつけなくても、うまく仕上がると思います。だからお子さんと一緒に作るのもおすすめです」。

レシピには、すべて『プラス糀 糀甘酒の素』を使っています。「『プラス糀 糀甘酒の素』は、お菓子づくりにもぴったりですね。砂糖などの甘味料に置き換えてできるのが、とてもいいと思います。使用するお砂糖の量もぐんと減りますし、優しい甘みだから子どもたちにもぴったりです」。

お菓子作りをお手伝いした大和くんも「おいしかった！」と満面の笑みで答えてくれました。

［材料］（4人分）

ヨーグルト …… 200g
プラス糀 糀甘酒の素（マルコメ）…… 100ml
生クリーム …… 80ml
粉ゼラチン …… 3g
水 …… 大さじ1
砂糖 …… 10～20g（お好みで）

＊甘酒の優しい甘さがお好みの場合は砂糖なしで、はっきりとした味わいに仕上げたい場合は、お好みで砂糖を加えてください。

◆ブルーベリーソース
冷凍ブルーベリー …… 適量
砂糖 …… 適量

［作り方］

1 ゼラチンに水を加えてふやかしておく。
2 ざるにキッチンペーパーなどを敷き、ヨーグルトを入れて水気を切り「水切りヨーグルト」を作る。仕上がりが100g程度になるように。冷蔵庫に入れて2時間ぐらいが目安。
3 水切りヨーグルトに糀甘酒の素を加え、泡立て器で混ぜる。
4 生クリームは6分立てぐらいに、ゆるく立てる。
5 ゼラチンを湯煎で溶かし、**3**に加える。また、砂糖を加える場合はここに加える。

※ゼラチンは、温度が低いとダマになりやすく、熱すぎると固まらなくなるので、温度に気をつけながら、ダマにならないようにかき混ぜ、一気に加える。

6 **5**に**4**の生クリームを加えて混ぜる。きれいに混ざったら、容器に入れて冷蔵庫で2時間以上冷やし固める。
7 冷凍ブルーベリーを鍋に入れて砂糖を加え、火にかける。甘さを見ながら砂糖を足し入れて、少しとろみがつくまで煮詰める。
8 **6**のムースをスプーンで取り分け、**7**をかける。

甘酒スコーン

[材料]（小さめサイズ8個分）

地粉（なければ中力粉または薄力粉）…… 130g
全粒粉 …… 20g
てんさい糖（または、普段お使いのお砂糖）
…… 10g
ベーキングパウダー …… 小さじ1
塩 …… ひとつまみ
米油（または、太白ごま油など、香りやくせのない植物油）
…… 大さじ2
プラス糀 糀甘酒の素（マルコメ）…… 60ml

[作り方]

1 あらかじめオーブンを170度で予熱しておく。
2 材料の地粉から塩までの粉類をボウルに入れ、泡立て器で混ぜる。
3 2に米油を加えて、泡立て器でグルグル混ぜる。だいたい混ざったら、手でこするようにして、さらに混ぜ合わせる。
4 3に糀甘酒の素を加えて、手でまとめるように混ぜる。練り過ぎないように、折りたたむように、ひとまとめにしていく。
5 ひとまとめにした生地を好きな形に切り、オーブンシートの上に並べ、表面に糀甘酒の素（分量外）をスプーンで塗る。
6 5をオーブンに入れて25分〜30分焼き、おいしそうな焼き色がついていれば、取り出す。

ぐるぐるまぜまぜは、子どもにお手伝いしてもらいましょう。ある程度混ざったら大人にバトンタッチを。混ぜ過ぎないよう注意。

甘酒バナナケーキ

[材料]（小さめサイズ8個分）

卵 …… 1個
きび砂糖（または、普段お使いのお砂糖）…… 20g
バター …… 25g
A 薄力粉 …… 80g
アーモンドパウダー …… 20g
ベーキングパウダー …… 小さじ1
バナナ …… 小さめ2本
プラス糀 糀甘酒の素（マルコメ）…… 60ml

[作り方]

1 バナナ100gをちぎってボウルに入れてつぶす。しっかりつぶれたら、糀甘酒の素を加えて混ぜる。
2 バターを湯煎にかけて溶かす。
3 オーブンを170度で予熱しておく。
4 ボウルに卵と砂糖を入れる。湯煎にかけて人肌よりも少し温かくなるまで混ぜながら温める。湯煎から外して白っぽくもったりするまで混ぜる。
5 4のボウルに2の溶かしバター、1のバナナを加えて泡立て器で混ぜる。
6 Aの粉類をふるって5に加えて、ゴムベラで粉気がなくなるまで切るように混ぜる。
7 オーブンペーパーを敷いた型に流し、余ったバナナを飾りつける。
8 オーブンで40〜45分焼く。竹串を刺してみて生っぽい生地がついてこなければ焼き上がり。型から外し、網の上で粗熱をとったら、好きな大きさにカットし、皿に盛りつける。

マルコメ株式会社

1854年（安政元年）創業。コーポレートメッセージは「日本のあたたかさ、未来へ。」主力の味噌事業をはじめ、味噌の原料になる米糀からつくる糀甘酒や塩糀などの糀事業、大豆のお肉や大豆粉などの大豆事業を展開。日本の発酵食品が世界から注目されている現在、発酵美食を通じて食にとどまらない発酵にまつわる魅力を発信している。

『発酵美食』
https://www.marukome.co.jp/marukome_omiso/hakkoubishoku/

STAFF
デザイン●今井悦子（MET）
編集協力●アルタイル
編集●木村晶子
編集デスク●大隅優子（主婦の友社）

発酵美食マガジン

令和７年２月28日　第１刷発行

著　者　マルコメ株式会社
発行者　大宮敏靖
発行所　株式会社主婦の友社
〒141-0021　東京都品川区上大崎3-1-1 目黒セントラルスクエア
電話03-5280-7537（内容・不良品等のお問い合わせ）
049-259-1236（販売）
印刷所　株式会社広済堂ネクスト

 Printed in Japan　ISBN 978-4-07-461280-2

■本のご注文は、お近くの書店または主婦の友社コールセンター（電話0120-916-892）まで。
＊お問い合わせ受付時間　月～金（祝日を除く）　10:00 ～ 16:00
＊個人のお客さまからのよくある質問のご案内　https://shufunotomo.co.jp/faq/